孔宁
地球新娘

Kong Ning
Bride of the Earth

赤桦 / 著

图书在版编目（CIP）数据

孔宁：地球新娘 / 赤桦著 . -- 北京：新世界出版社，2019.12
（有故事的中国人）
ISBN 978-7-5104-6893-3

Ⅰ . ①孔… Ⅱ . ①赤… Ⅲ . ①孔宁 – 生平事迹 Ⅳ . ① K825.7

中国版本图书馆 CIP 数据核字 (2019) 第 197405 号

孔宁：地球新娘

作　者：	赤　桦
责任编辑：	楼淑敏
封面设计：	魏芳芳
责任印制：	王宝根　苏爱玲
出　　版：	新世界出版社
社　　址：	北京西城区百万庄大街 24 号（100037）
发 行 部：	(010)6899 5968　(010)6899 8705（传真）
总 编 室：	(010)6899 5424　(010)6832 6679（传真）
	http://www.nwp.cn
版 权 部：	+8610 6899 6306
版权部电子信箱：	nwpcd@sina.com
印　　刷：	北京东方宝隆印刷有限公司
经　　销：	新华书店
开　　本：	787mm×1092mm　1/32
字　　数：	100 千字　印张：5
版　　次：	2019 年 12 月第 1 版　2019 年 12 月第 1 次印刷
书　　号：	ISBN 978-7-5104-6893-3
定　　价：	38.00 元

版权所有，侵权必究
凡购本社图书，如有缺页、倒页、脱页等印装错误，可随时退换。
客服电话：(010)6899 8638

透明的口罩

野百合

无性别的银杏树

蝴蝶先生

目录 | CONTENTS

第一章 "嫁" / 1

她画油画，写诗歌，做装置和行为艺术，一切关乎人性与生命。而她"嫁"的系列作品，是唯一一个频繁地、持续地出现在公众视野的——捍卫蓝色星球的行为艺术，表现得尤为令人震撼动容。

第二章 天街的孩子 / 33

七岁的一天，妈妈对她说："宁宁，你是天上街市的孩子。今后，会吃饭就行。"

第三章　巴黎的绯色邂逅 / 65

就像 40 年前，一切与爱、与正义、与担当相关的事，迟早会以不同形式围绕着电影院和电影发生，只是 2017 年这次的恋情，是在巴黎一个记不得名字的影院中，在一部记不得讲什么的电影外开始了序曲。

第四章　她的情人，她的墓地 / 101

她含着苦涩的泪水，唱着赞美的诗篇，穿着踏春的舞裙，"缓缓穿过黑夜的囚禁，欢快地燃放着孤寂的封锁"。如果不绘画、不写诗、不用艺术创作去抚慰内心的痛楚，孔宁那鲜活的肉身将会终身无言。

后记　"绿色地球梦"的故事还在继续 / 141

第一章
"嫁"

　　她画油画,写诗歌,做装置和行为艺术,一切关乎人性与生命。而她"嫁"的系列作品,是唯一一个频繁地、持续地出现在公众视野的——捍卫蓝色星球的行为艺术,表现得尤为令人震撼动容。

年近耳顺之年的孔宁，曾经是北京颇有名气的刑事律师，专为死刑犯辩护，当事人从普通人家子弟到有黑社会背景的人。

但她更广为人知的身份，是今日的身份：跨界的当代艺术家。她画油画，写诗歌，做装置和行为艺术，一切关乎人性与生命。而她"嫁"的系列作品，是唯一一个频繁地、持续地出现在公众视野的——捍卫蓝色星球的行为艺术，表现得尤为令人震撼动容。在过去的五年，她从北京出发，跨过国门，去到了纽约的时代广场、巴黎的埃菲尔铁塔、雅典的卫城，为备受伤害的地球奔走呼号，仿佛是地球的辩护律师。

2015年12月1日。

中国最著名的地标——天安门"不见"了。

北京最醒目的地标——央视"大裤衩"办公楼"不见"了。

第一章 | "嫁"

孔宁用999个口罩制作了婚纱,成为"雾霾新娘",等待"新郎"蓝天

它们被雾霾吞噬了。

只有机动车的灯光，若明若暗，点缀着这座"看不见的城市"。

这天上午，在东三环最繁忙的国贸 CBD 区，从铅灰色的浓厚雾霾中，兀自走出一个白色的"新娘"。她戴着白色的口罩，露出两只大眼睛，白色曳地婚纱拖在身后，酷似 19 世纪流行于欧洲上流社会的"巴斯尔"式长裙。

这"新娘"便是孔宁。那白色的婚纱，是她用 999 个防霾口罩，花两个晚上，亲手缝制的雾霾嫁衣。

"我是'雾霾新娘'，我要嫁给蓝天！"她的行为和呼吁引来了关注，人们像期待蓝天一样，期待这位女艺术家的"婚礼"。而"新郎"蓝天却不见踪影。于是，孔宁的行为艺术，生出了荒诞与反讽："新郎"蓝天出现之时，便是"雾霾新娘"离去之日。

孔宁似乎要把日常过成呼唤新郎"蓝天"的行为艺术。

在北京，在有雾霾的日子里，她会在日常的衣服上，别上100多个口罩，然后，穿上出门。一些路人侧目，轻蔑她"作秀"，但她并不理会，因为内心有个声音在说："人们最终会明白的。"

果然，就在孔宁穿上白色"婚纱"后不几日，12月7日，北京市政府有史以来第一次发出了空气重度污染的红色预警。

于是，孔宁又连夜缝制了一件新"嫁衣"，一件用数百个橙红色塑料喇叭制作的婚纱。第二天，她穿上婚纱，化身为了"橙色喇叭新娘"，走上街头，从北京城北的鼓楼出发，一路南行。

一位外地来北京打工的女子正在手机通话，忽见"橙色喇叭新娘"，立即挂了电话，直直地看着她，眼泪就出来了。她对孔宁说："我太感动了。天这么冷，你穿这个婚纱，不就是在宣传环保吗？不就是在为我们所有人担忧吗？"

"橙色喇叭新娘"

"为我们所有人担忧",这句从一个无名的打工女子口中说出的话,深深打动了孔宁,她满含泪水,拥抱了那个陌生的女人,然后在寒冷的大街上继续向前。

因为曾经做律师的缘故,孔宁身上有一副无论做什么、谈论什么都敢作敢为敢担当、无所畏惧的样子。2014年冬日的一天,雾霾锁城。孔宁创作了自己的《雾霾娃娃》油画。画上的娃娃戴着大口罩,睁着一双大眼睛,有些无辜,有些惊惧,有些疑惑,好像在质问:我们的蓝天呢?我们

孔宁油画《雾霾娃娃》

的白云呢？都到哪里去了？

　　孔宁曾经说过，她要用超现实的手法，拍一部绿色地球的电影，名字就叫《大眼睛》。这是暗示她的一双大眼睛是带着使命来的！"不是简单的人类的眼睛！是一双要解决问题的眼睛！"

　　"这个世界就像一辆正盲目地飞快前行的车，前面就是悬崖，眼看就要掉下去了，必须有人勇敢地出来，扭转方向盘。我，我的行为艺术表现的，就是要扭转方向盘的那个人。咔,咔,咔,把方向盘扭转了,让这辆车赶快停下来。"对自己这个比喻和奇思妙想,孔宁很是得意,手舞足蹈,像个孩子。

如果说她的《雾霾娃娃》是针对具体的雾霾天而表现出来的直接态度,那么,她后来所有以"嫁"为主题的行为艺术都超越了某个具体现象,是对各种影响到环境与人类命运的问题发出更令人深思、更为广阔的表达。

在孔宁的意识中,人类是应该向地球赎罪的!人类在享受、消耗、挥霍地球资源时,却茫然不知,地球已经超大负荷,已经愤怒不已,像爆发的火山,像嘶吼的海啸!它依然想给人类机会,还在等待,看人类何时能觉悟,能走出误区。其实,地球已经在开始惩罚人类,气候变暖,冰川融化,海平面持续上升,海洋生物多样性结构被改变,等等。对孔宁来说,艺术家的责任就是用艺术去唤醒人们已经有些事不关己的麻木,纠正人类错误的生存理念。而她做的行为艺术,是天空给她送来的一封密信,信中给了她一个使命:为地球的命运辩护!

孔宁已然听见了地球疼痛的呻吟,因此她要为地球发出呐喊。如果说《雾霾娃娃》是她为捍卫地球发出的第一声呐喊,还有些稚嫩赤裸,那么接下来以"嫁"为主题的一系列行为艺术——"嫁"给蒙古马,"嫁"给蓝天,"嫁"给雨林,"嫁"给绿叶,"嫁"给和平,等等,展现的皆是波澜不惊中对人类居住的这个星球的情深意长,所有"铿锵的辩护"都融进了婉转柔情之中。

2016年深秋。她带着一百只"和平鸽",来到了纽约这个当代艺术中心,再次披上了"婚纱"。她要在时代广场,在给世人留下无限伤痛的"9·11"遗址,"嫁"给和平。

2016年11月19日,纽约正午12点。孔宁穿上缀满一百只和平鸽的"鸽子婚纱",来到"9·11"遗址。但是,由于地理位置特殊,纽约市政府对这里采取了必要的限制措施，即便是以呼吁和平为主题的艺术行为，也是不允许在这里开展的。因此，孔宁在这个遗址的艺术行为，进行得并不十分顺畅，刚一张开手臂，做出呼唤和平的样子，就被拿着手铐的纽约警察禁止。她展示的时间非常短，不到一分钟。但孔宁说，她的艺术表达已经完成，不在乎时间长短，一分钟也是完成，"完成了我对那些在'9·11'恐袭事件中遇难的无辜者的哀悼的表达。也完成了我向天空，向全世界呼吁和平的愿望的表达。也希望我的这个行动的勇气，能够让人们不分肤色、不分国界，热爱和平，珍惜生命"。

当日下午两点。孔宁再次穿着"鸽子婚纱"到了曼哈顿的时代广场。当她仰望纽约的天空，有鸟在自由翱翔，孔宁顿时泪眼蒙眬，那些在2001年9月11日恐袭事件中遇难的2996个不幸的生命，顷刻间在她心底来来往往，无辜而又得到些许慰藉的样子。

这件她从北京带到美国的"鸽子婚纱",由银色的玻璃纸和吹气的白色和平鸽组成。那在阳光下隐约发光的玻璃纸婚纱,象征着现代化的摩天大楼,婚纱拖尾长达45米,暗喻摩天大楼的玻璃墙。孔宁在这拖尾上,剪出了一百扇窗户,寓意着打开高层建筑中每个房间的窗户,让美丽的和平鸽飞到窗前,同那紧闭高楼里的人亲切地注视一分钟。孔宁希望每个经过她身边的人,都能像吹气球一样吹一只和平鸽,签上自己的名字,别在她的"鸽子婚纱"上,或婚纱拖尾的"窗口"上,成就她成为一个"嫁"给和平的"鸽子新娘"。对和平的热爱显然是人类共同的情感,无论肤色、人种、国籍、语言的不同。果然,她一出现在高楼鳞次栉比的广场,无数纽约的市民和游人就读懂了她的艺术,停下了脚步,与她一起吹起了一只只和平鸽。

也有人并不赏识或理解孔宁在纽约的艺术行为,以为一个中国人,万里迢迢来纽约,"嫁"给和平是很傻的行

孔宁"嫁"给和平,2016年11月在美国纽约"9·11"遗址

为,意义何在呢? 但同样来自中国的女性问题研究者张丁歌却说,直到今天,每每重温孔宁行为艺术的种种细节时,她依然心潮澎湃。她说:"孔宁始终在用动词撰写人生,让天地无限。她在纽约的艺术行为展示,其实是几代中国女性所缺失的某种精神气质的折射。"

此时的张丁歌,在哥伦比亚大学访学,正在拍摄《卵子的战争》纪录片,探讨婚龄、育龄中的女性,对生育权的选择、焦虑、思考,以及困惑等今日世界各国女性都可能面临的问题。于是,孔宁"嫁"给和平的行为艺术,成了她这个纪录片的一部分。

拍摄孔宁的第一个点,选在了中央公园的草莓园,那是披头士领军人物列侬的遗孀小野洋子为纪念列侬而建的。小野洋子和列侬在 20 世纪 60 年代末做反战的行为艺术,在这里喊出了后来影响了整个美国的口号:要做爱,不要作战。

张丁歌说,在拍摄的过程中,周围那些街头艺人,还唱着列侬的歌——我不要战争;我为爱了而哭泣。"这些跟我想要表达的东西,跟孔宁行为艺术中的精神气质,是非常契合的。"

这个精神气质就是孔宁短短几分钟的"嫁"的表达。无数人都知道孔宁"新娘"的模样,但并不是所有人都理解她何以要这样坚持不懈地把自己"嫁"出去。孔宁长期采用"嫁"作为她表达的主题,这个主题就是关注生命,她的"嫁"的本质,就是嫁给生命。这是她艺术创作的根本出发点。在纽约接受某中文电视台采访时,孔宁说:"作为一个女性艺术家,可以说我一生所爱和希望,都寄托在了想要表达的艺术上,这就是爱惜生命——人的生命,动物的生命,环境的生命。"

女性是孕育生命的符号。孔宁的"嫁",就是以女性的视角,审视被后工业时代打破了的固有的社会秩序,以及这个新秩序下人与人之间、人与自然之间、战争与和平之间等各种令人不安的社会问题。在她看来，从英国工业革命开始，地球就开始不开心了。人类费尽心思，在地球的心脏做各种实验，包括核武器，忙碌地创造财富，变超级大国，人类从骑马骑自行车到坐飞机坐高铁，享受并体验速度的刺激和高科技给生活带来的便捷，但却没有意识到，就在你满足地熟睡时候，地球正深情地看着你，喃喃自语："都是荒废青春，自残美景，人们每时每刻在我身上划出、挖出、打出了无数的孔洞，留下了无数的伤疤！"

孔宁视这一切为一个粉饰和掩盖贪欲的文明进程，一个如巴比伦塔般虚幻的、废墟般的现代化。"这不是地球所希望的人类，正在用智慧把自己毁灭的人类。人类已经进入了金银锈片的绝望时代。"

而这些问题，归根结底是生命的问题，是对个体生命和人类生命尊重、珍惜的问题。孔宁或许对生命没有哲学意义上的思考，但她依照自己对生命本能的关怀，依照艺术家敏感的内心，把这些人类共同面对的问题，转化成了特殊的艺术表达，这便是颂扬生命的"嫁"的行为艺术。

孔宁的朋友说，她的身体里一半是英气和勇敢，一半是鬼气和外星人的气质！她自己常常说："我确实不是通常意义上的正常的人！或许，生物意义上的孔宁，早已脱离开她的肉身，不再是一个物理的存在！她虽然站在你跟前与你说话，但她或许是在别处注视着你，在纯净的雪山顶上，或在蓝色海底，端坐在珊瑚的身体中。"

孔宁说："现在世界各地的人都进入了一个不真实的误区，以为地球是没有生命的，却不知道，地球是有神经的，有脉搏的，是会呼吸的！当你把它的神经折腾断了，血液供不上去了，它就没有更多的肌肉了，没有力气了！地球就会死亡！人类也会绝灭！再这样走下去，世界也将不复存在！"

第一章 "嫁"

已是耳顺之年的孔宁,却依然很容易让人联想起希腊神话中拥有超级能量的亚马逊人,这个谜一样的女性部落,敢爱,敢恨,英勇,妩媚。

传说中的亚马逊人,金发碧眼、身材高大、能骑擅射,居住在本都(Pontus),也就是今天土耳其的黑海沿岸附近,欧亚大陆的交界处。这里高山环绕,北是黑海,西是宽阔的叶席尔大河,非常隐蔽。这个女战士的部落,通过定期造访邻近部落的男性,开枝散叶,繁衍后代。生下的女婴,由亚马逊人养育长大,成为新一代女战士;生下的男婴,被送回父亲手中,或被杀死。

一经成年,女人就成了女战士,她们会割去右边乳房,以便拉弓射箭,与敌作战。

仿佛冥冥之中的安排,2017年12月17日,孔宁来到了希腊,在古老的卫城脚下,完成了又一个引人注目的保卫地球的艺术——表达生命像一滴水的"小蓝人"行为艺术。

她身穿自己设计、用可降解塑料缝制的蓝色曳地长尾"婚纱"裙子，手捧一个"小蓝人"人偶，同当地的一些环保主义者一起，在屹立于雅典"圣山"上的卫城，走走停停，面对世界各国游客和雅典居民，传播她的"不给地球增加负担"的环保理念，呼吁人们停下匆忙的脚步，想想能为保卫地球做点什么，俨然一名亚马逊女战士。

建于公元前5世纪的卫城，曾给希腊人民带来无穷的力量和强大的保护。孔宁选这座沉浸在湛蓝天空、蔚蓝海水中的城，让她的"小蓝人"行为艺术登场，寓意绵长。捧在手中的"小蓝人"，意味着要把偌大地球当作一个敏感脆弱的孩子，捧在手中，倍加呵护，意味着人们应该像一滴水珠一样，来无影去无踪，轻轻地生活，不给已然不堪重负的地球再增重添乱。

孔宁说过："我若是越轻盈弱小如孩子，真诚地为地球表达时,地球,甚至整个宇宙就会把我放在掌心上,给我无限的爱!这种爱的感觉非常神奇,它超越了血亲关系,超越了男女之情,整个生命都被地球和宇宙紧紧拥抱着!"而这正是她能坚持十年做环保艺术的力量源泉所在。是地球和宇宙给予她力量!

由于体会到了这种奇妙的幸福,她似乎离孤单和焦虑越来越远了。因为那个最爱你的地球和宇宙是如此的强大,给了她一种神秘的力量,让她的艺术灵感永不枯竭,有几生几世也画不完的画,写不完的诗,弄不完的超现实主义的表达!

她自身的生命,与外部世界的纷乱之间,建立一种可进可退的自由的空间。她的艺术与现实世界,既勾连紧密,又没什么关系,有意义也没意义!她说:"只有当你的艺术创作,你所表达的东西不索求功利回报时,你的真挚才活灵灵了!色彩鲜艳夺目了!内心也无比自由了!"

孔宁：地球新娘

看地球的小孩

来希腊前一周的 2017 年 12 月 12 日，孔宁在巴黎"一个星球"气候行动峰会会场外，首次展示了"小蓝人"行为艺术。她是以巴黎为起点，计划持续用 5 年时间，带着她的"小蓝人"穿越所有的《巴黎协定》签署国，将"生命看成一滴水，轻轻地来，轻轻地去，不留痕迹，不给地球增加重量"的绿色价值观传递给全世界。在其展示"小蓝人"艺术行为的每个国家，孔宁都致信该国领导人，将这种"小蓝人"艺术形式代表的绿色价值观，希望通过穿越《巴黎协定》签署国的"绿色事件"，能让更多的人行动起来，为保护地球这个人类居住的蓝色星球而战斗。

在走完签署《巴黎协定》的国家后，孔宁要带着"小蓝人"继续周游列国，去展示她对保护环境的表达，去倡导一种新的生活方式，让全世界的人们积极参与到保护地球的行列。她说："我们必须让地球开心！人类生活在一个地球之中，就应像一家人一样去爱地球，共同建造绿色的未来!呼吁所有未来的生活消耗品都能够归还于地球。地球快乐了,人类才会真正地快乐!"

她会携手任何一个与她一样拥有"绿色未来"梦想的人,为地球这个蓝色星球"绿色的未来"而战斗不止。希腊的哲学教授达狄摩西努斯·达维塔斯(Demosthenes Davvetas),一个跨界艺术家和激情澎湃的环保主义者,加入了这场战斗。他说,环境问题关乎我们每一个人。2018年,他与孔宁合作,以艺术形式进行对话,其中包括将彼此的诗歌翻译成对方的语言。达维塔斯说,他与孔宁的这次对话,"不仅仅局限于我们的历史和过去,而且还会讨论当下一些与人类息息相关的问题"。

孔宁是个疯狂而大胆的行为艺术家。熟悉她的朋友都说,孔宁在骨子里,其实是一个极度敏感的、忧郁的英雄主义者。

20世纪80年代末,孔宁做律师时,接的第一个案子,就是为社会弱势群体农民工维权,为河北磁县的农民工讨一笔被拖欠的 8 万元工程尾款。她凭着一股热情和正义感接下案子后,才发现这是一桩三角债案,非常棘手。天津的一家玻璃厂,欠了这群农民兄弟雇主的钱,狡诈又不懂法的雇主,竟然以没有钱为由拒绝给工程尾款。像这样标的微不足道的经济纠纷案,通常律师或律所是不会接的,"费力不讨好,有时甚至连一分钱收入也没有"。但孔宁毫不犹豫地接了,理由之单纯,"就是受不了,他们那么无助,出来挣钱多不容易啊。家里说不定有小孩等钱缴学费,老人等钱看病啊"。

她穿梭于北京、河北、天津三地,从秋天到来年开春,终于为这群农民兄弟讨回了欠款,而孔宁只挣到 200 元报酬。农历新年的除夕夜,令人意想不到的一幕发生了。在妈妈家包饺子的孔宁,忽听得急促的敲门声。打开门来,几个农民兄弟抬着一头猪,一头屠宰后的猪,像抬着祭祀的祭品，局促地站在寒夜中。他们是来感谢孔宁为自己讨回了工程尾款，那知恩图报的深情，至今回想起来仍令孔宁感慨万分。

孔宁永远一副标志性的扮相：马尾高高地梳在脑后，系一根红头绳，齐齐厚厚的刘海儿，盖在眼帘上方。双眸闪着好奇，欢喜就笑，悲伤就哭，不遮不掩，不矫不饰，动辄骑上心爱的雅马哈摩托，让速度风干悲伤。她的想法天马行空，穿着行事时而江湖侠客，时而花季少女。年龄，仿佛只是身份证和一切法律文书上的一个数字而已。

20 世纪 60 年代，孔宁的青春期在满洲里并不宁静：边境上的"珍宝岛之战"以及"文革"带来的家庭变故，让她在少年期就体会到生活的沉重。她曾和哥哥为躲避恐惧，长期住在地窖里。她 13 岁时，病重的母亲被送往上海救治，为了贴身陪伴，她不得不在医院做护工。"给病人洗便盆，打扫厕所，还背送过死人。"而父亲，在那段岁月里，选择结束生命，离开了她们。这一切，都是一个少女承受不起的噩梦。直到20世纪80年代初，她跟着落实政策后的母亲到了北京，看到了东边的太阳和蓝天。

　　孔宁说，自己始终没有安全感。生命记忆中，就是恐惧，还有寒冷。

　　她生长在一个波诡云谲的动荡时代，从小听得最多的一句话就是"别出声"，因为怕"敌人"听见屋里有动静，会突然冲进来。防空警报一响起，信号弹一升起，全城人立即紧闭双眼，屏住呼吸。信号弹落下好一阵了，才敢舒口气，默默庆幸，炸弹没落在自己身上，又活过了一天。满洲里距中苏边境仅仅9公里。在家"备战"的日子里，只要警报一响，孔宁就会趴在朝北的玻璃窗前，用手画两个圆圈，像一副望远镜，透过它望着边境线，苏军和苏军的坦克在"望远镜"里开过，一辆接一辆的，影影绰绰，在雪地上，仿佛一排排黑色的蚂蚁。这"黑蚂蚁"时常会进到她的梦里，在梦里她也是屏住呼吸的。于是，她日日幻想着能逃离满洲里。

逃离现实的极度不安，成了梦中的现实。她多次梦见一只黑猫，变成一匹骏马，拉着马车，车上有爸爸妈妈，有奶奶和哥哥，还有家里的一只大皮箱，一切都在身边。她在马车上开心地笑着，那马，跑着跑着，鬃毛发出光芒，像一把亮闪闪的战刀，带着全家人穿越恐惧，逃出了满洲里。

梦醒来，人还是在地窖中恐惧着，边境线上，依旧是苏军的坦克，来来往往。但梦中的骏马，成了她日后绘画中时常出现的一个神秘意象，而且她总是把一匹漂亮的马，安排在一个女子身边，那马的神态始终坚定，那女子眼神始终布满惊惧，身体始终倚着马，这亲密依偎营造出一种令人伤感的温暖。人间多悲苦，所惧亦竟不去，所爱亦竟不来，只有这梦境中的骏马成了信赖的倚靠。马在这里已然构成了逃脱苦难桎梏，抵达自由的符号。

2017年,"小蓝人"展示接受法新社等多家媒体的采访

2015年,她在内蒙古达茂草原做的"嫁马"行为艺术,便是她追寻灵魂自由的表达。

当她穿上长达40米,重达几十斤,由上千朵萨如拉玫瑰、水珠、星星、叶子组成的婚纱,穿越希拉穆仁草原,走过安达堡子古城,"嫁"给蒙古马时,不少人疑惑,孔宁为什么要"嫁"给马呢? 其实,无论先前做律师,还是后来做艺术家,孔宁心里始终住着一匹勇敢的蒙古马,它是坚韧勇敢、吃苦耐劳、一往无前精神的象征,孔宁对它满怀深情和敬意。人是离开内蒙古三十余年了,但那马却始终在精神上影响着她。

有评论家形容她的艺术创作，从诗歌到绘画到行为艺术，都是天马行空、信马由缰的气势，豪放而自由。孔宁在内蒙古大溪地有一个工作室。2013年以来，她创作了30幅人与马在一起的油画，色彩极为绚丽夺目，人与马之间，相互信任、相互依赖、相互帮助、相亲相爱的情感，跃然于画布上，可谓淋漓尽致。

孔宁对骏马的深沉而特别的情结，该是来自她父亲的一种基因遗传。孔宁的父亲曾是内蒙古军区一名彪悍的骑兵。这个达斡尔族人，高大、英俊、倜傥，初冬深秋，穿长长的呢子大衣，戴着军官帽，出门拿小牛皮手袋。放在今天，也是很时髦的。

跟父亲一样，孔宁待人接物豪爽大气，但内心却时常羞涩。她自己不知道，在这个浮夸、浮躁、浮华的时代，内心羞涩已然成了一种美德。

就像她做艺术，却不混圈子，不勾搭拍卖行，不热衷于交际，亦不谄媚大众。她最好的作品都是她最为自我的时候从心底喷薄而出，这反倒吸引了艺术圈的视线。

就像"嫁给蓝天"那天，她回家还写下了一首诗，表达了对环境的"哀愁"：

我身着刺眼的哀伤的喇叭婚纱
沉甸甸　无奈地　火热地走在大街上
这是灰色天空病入膏肓发出的危情的呼救
这是鲜活的躯体
如蚂蚁一样要被迫入黑洞前的闪烁
呐喊与众不同地成为被窥视为荒诞的行为
我已不顾寒冷的侵袭　冷漠的目光
我傻傻地想我是地球的新娘

她像是在反抗，其实在寻找不同的表现形式，与这个世界认真地谈谈。她有股执念，想让身处的世界变好。而她能做的，就是用艺术的方法去创作，哪怕一边惶恐不安，一边像孩子般无畏地大胆表达。

她这样说，是因为内心有些排斥人类社会，更亲近大自然。因为大自然给她的感觉是清楚的，纯粹的，而人，她说自己很难辩解。"有时候在人群中，有些人滔滔不绝地说啊说啊，我都听不懂他们在说什么，感觉是有利益在里面。"

她爱说："我家在天空，我是天空的孩子。我的家不需要那么多的人天天讨论物质社会的主题。"孔宁做"嫁"的行为艺术已近十年。但是，每次穿上自己设计制作的"嫁妆"，抬头望天空时，她依然禁不住泪流满面，仿佛每一次都是初嫁的新娘，她的感觉是，"天空好像在亲吻我，在抚摸我。我一步一步往前走，履行着对宇宙的承诺，完成宇宙交给我的任务——保卫地球"。

发表在《美国艺术》杂志上的孔宁油画作品（2017年）

第二章
天街的孩子

七岁的一天,妈妈对她说:"宁宁,你是天上街市的孩子。今后,会吃饭就行。"

1958年8月29日，在满洲里炎热的夏天，三道街的一家产科医院迎来了一个小女孩的出生。妈妈为她取名孔宁，乳名宁宁。

孔宁妈妈13岁时，背叛了自己富裕的资本家家庭投奔了革命。她受过良好的教育，精通日语，时常去电台唱歌，参加土地改革后，她成为中国共产党的一员。

16岁时，她进入了东北军政大学，毕业后，被分配到地处沈阳的中共东北局工作。

孔宁的爸爸是个军队干部。他13岁参军，获得过全军五项全能冠军。20世纪50年代初，他进入中国人民大学进修。毕业后，放弃了令人羡慕的军队工作，回到呼伦贝尔（盟）照顾瘫痪的后母。

后来发生的事却让人猜想，他回呼盟是为了遇见孔宁的母亲。她身上散发出的冷傲的悲情一下子吸引了他。

坠入爱河无法自拔的爸爸，是个乐观、主动、厚道的人，积极地做自己喜欢的事，追求自己喜欢的人，始终如一。他不可救药地爱着孔宁的妈妈，把整个生命都寄托在了她的身上。

他用尽所有力气，从各处搜罗来最美好的东西，一一放在她跟前。在她的大衣橱里，挂满了各色各样的漂亮毛料衣裙，深灰、墨绿、深蓝……这些都是他去北京买的高级面料，在红都为她定制的。1950年开张的红都，曾经是北京最有名且高高在上的服装公司，国家领导人以及一些社会名流的中山装、西装、旗袍、大衣、便服都在这里定做。一些人在红都还留有自己的衣服尺寸。

孔宁妈妈和爸爸有一张合影，是20世纪50年代在北京的北海公园拍的。照片上的他们都穿着时髦的呢子大衣。妈妈身上的大翻领浅色呢子大衣，大概也是出自红都某个大师之手吧。她笑着，可是有点苦涩勉强，眼睛看着别处，父亲倒是笑得怡然深情。孔宁就出生、成长在这样一个家庭。她继承了爸爸妈妈所有的优点，身材像爸爸，腿长高挑，骨子里有爸爸的豪放、敢作、敢当的基因；眉眼像妈妈，也是大眼睛，弯弯眉，不笑的时候，眼睛带着忧郁。

她还继承了妈妈的缄默。孔宁从小就是个极度敏感而又沉默的孩子，想着自己的心思，承担着自己的惊恐不安，不轻易流露。

妈妈有文化，过上了一段令不少人羡慕的体面优越的生活。这段日子非常短，在政治运动不断的那些岁月，和许多知识分子一样，妈妈也吃尽苦头。七岁的一天，妈妈对她说："宁宁，你是天上街市的孩子。今后，会吃饭就行。"

妈妈的话一语成谶。孔宁果真像是被上天拣选的孩子，双眸清澈，能感受，甚至能看到同龄孩子根本无法想象的东西。孔宁在心里是认定了妈妈这个说法的。她说："我就是上天派来的孩子，啥都能看见。" 很小的时候，她就看见了殿堂的恢弘灿烂，也看见了后街的下流晦暗，既感受到了人性之残酷，也得到了人性温暖之抚慰。

1965年，孔宁从《新闻简报》（十分钟的新闻纪录片，加载在每部电影正片前放映，一如今天电影正片前放映的新片预告片）中看见了非洲孩子在挨饿。她很难过，一个七岁的孩子莫名地生出了犯罪感。"自己天天吃这么好，跟我一样大的孩子都饿成皮包骨了。"于是，她又离家出走了，又默默地去了城外那条河边，独自坐在那里，不断给自己说，"我再也不吃东西了，啥都不吃。他们都要饿死了，我怎么还能吃呢！"

童年时那赌气似的天真纯粹的正义感，后来变成了成年后的自觉。成年的孔宁，每日餐食之简单，多是土豆、粉条、鸡蛋、米饭，鲜有大鱼大肉。"人类对自然的掠夺，太多，太多了！人类吃得多，产生的垃圾就多。这些垃圾都推给了自然，推给了地球。地球、自然，难道不痛吗？假如是人，我朝你身上不断地扔垃圾，你肯定会有负面感受的啊，

孔宁自画像（2017年3月）

肯定要反抗啊！地球和自然不能说话，人们就以为它们是没有知觉和生命的。"她是要以少吃、吃素的方式，在非艺术行为的日常中，为地球减轻重量，为自然减少垃圾。

那时，敏感脆弱的小孔宁，还无法知道，更大更直接的惊骇像个幽灵，已经在路上，很快就会攫住她，然后展开，变成噩梦，经年纠缠，从童年潜入，一直尾随她进入她后半生的夜晚。

1966年，满洲里这个边境小城也热闹起来。高音喇叭铿锵有力地传送出北京的声音：一场史无前例的"文化大革命"正在全国展开。

在那个特殊的动荡岁月，家庭中的任何变故，都是社会大变故中最令人心碎的细节，家庭中的任何隐秘，都逃不过孩子，尤其是像孔宁这样敏感孩子的眼睛。

为了躲避造反派，孔宁英俊高大的爸爸，曾经彪悍的骑兵，只能日日蜷缩在自己的地窖，天黑了，才出来跟她

童年的孔宁和哥哥在满洲里家门口合影

和哥哥,还有奶奶吃饭。吃饭也不开灯,压低声音说话。因为害怕造反派听见屋内有动静,会冲进来把爸爸抓走。这样持续了半个月。有人走漏了风声,在一个寒风呼啸的夜晚,造反派闯进来了,时间踩得那么准,身上只穿了件背心的爸爸,刚从地窖出来,几个高大凶悍的人冲上去,把他五花大绑了,拖到冰天雪地的院里,扔进了解放牌大卡车。

她的童年如此荒凉,惊惧。哥哥小宇只年长她四岁,却是童年孔宁情感上最大的,也是唯一的依靠。

孔宁父母照片

　　那时，妈妈总是在外面躲避造反派。妈妈常常是忽然在家出现一下，忽然又消失，没人知道她去了哪里。被造反派抓走的爸爸，也不知道关押在哪里。家里唯一的成年人是奶奶，可奶奶常年瘫痪在床。孔宁只能依靠哥哥小宇。

　　为了给奶奶和妹妹改善下生活，一天，小宇变卖了家中欧式吊灯，买回一块猪肉包饺子。孔宁兴高采烈，拿着菜刀帮哥哥切肉，却不小心伤了手指。哥哥吓得哭起来，脸色苍白。他天生怕见血，见血会晕，可在受伤的妹妹跟前，他咬牙挺住了。小宇勉强剁肉，给妹妹包了饺子。很久以

挡住痛苦的少年

来一直被噩梦纠缠的孔宁,那晚没有做噩梦。无梦的夜,几近乐园了,只是手指上深深的疤痕,会不时提醒她梦魇不断的寒夜。

44年后的2010年,她画了一幅《挡住痛苦的少年》。四位豆蔻年华的女子直面观众,她们一定是看见和正经历着什么，才会如此惊慌地呼喊着。画面左后方的那位红衣女子，一点儿不敢出声，嘴唇紧闭，流露出隐隐约约的因惊吓过度带来的恐惧和痛苦。这个女子很像是孔宁自己。背对观众的少年，那么瘦小，却张开双臂，试图阻挡恐惧和痛苦的蔓延，吞噬掉他眼前的女孩。这勇敢的少年的原型，该是孔宁童年时的哥哥吧，有一股少年人为了挚爱的血亲骨肉面对危险不可为而为之的英雄气概。画的笔触有些粗放，甚至稚嫩，这反倒吻合了渗透她整个童年的那种粗糙冷冽的气氛。

1970年初春的某个晚上，两年不见的妈妈突然出现在家里。

跪在椅子上下军棋的孔宁和哥哥，没有惊喜，没有悲伤，也没有招呼，似乎已习惯了妈妈的突然出现和突然离去。妈妈好像也习惯了这样的默默相见。身穿黑大衣的妈妈，面色苍白，两条辫子妩媚地垂在肩上。

妈妈的沉默笼罩着她，使小小年纪的她懂得及时控制情绪。孔宁后来回忆说："妈妈的手好软，就那样轻轻地摸着我的手。这样亲切的抚摸，后来再也没有过。"

妈妈偷偷回来，是要见一双儿女最后一面，她已经决定要赴死。可是，她还没来得及离开，就突然病倒。这个缄默而又刚烈的女人，已经自残过几次。突然病倒，是自残造成的肾脏严重受损，大出血，病情恶化。组织上最后决定孔宁跟着组织上派来的一位叔叔、两位阿姨，一路奔波四千公里，从满洲里把母亲送到了上海华山医院。

叔叔阿姨们当日就离开了上海，临走时，递给孔宁一沓皱巴巴的钱，说是留给她和母亲在上海生活的费用。那个胖胖的阿姨拍着孔宁的肩，冷冷地说："实在救不了，就在上海把你母亲火化了吧！"难道这钱是为了母亲死吗？她迷惑地看着胖阿姨，听见心头有个坚定的声音："妈妈不能死！"

这个花季少女必须独自与医生护士打交道，处理各种意想不到的事情。上天垂怜她，母亲的主治大夫是一位有名的医生，助手是个军人，对母亲很负责。护士长，一个五十来岁的瘦小女人，一张脸像修道院嬷嬷似的紧绷着，但那心是笑着的，是热的，是善良的。她告诉孔宁："上海跟小地方不一样的，家属是不好待在医院的，除非病人情况十分严重。"

孔宁明白，这是委婉地赶她。她喏嚅着，但很坚决地说："我什么都能做，只要不离开妈妈。"

"你多大啊？"护士长上下打量，对她小孩家稚气的勇敢不以为意。

"十三。"

"怎么可能？"看着比自己还高的小孔宁，护士长质疑道。这时的孔宁，身高已接近一米七，比同龄女孩子高出许多，很难相信她还是个孩子。

"那你觉得我多大？"她不辩解，只有一个心思，不能离开医院，离开母亲。

"十八岁吧。"

孔宁默认了护士长的话。好心的护士长就这样把她留下了，让她做护工："除了护理你母亲，还要帮助护理其他病人。"

每天早上六点就开始干活了。首先是拖地，病房走廊二米五宽，但很长。小孔宁站在走廊一端看过去，感觉像满洲里的一条街。拖着拖着，走廊亮起来，早上的阳光撒在她刚擦干净的走廊，光影朦胧隐约，倒不像挤满命悬一线的病人的医院了。汗珠一滴一滴从额头流到脖子，她也顾不得擦，心想医生走在这干净的走廊该高兴的。自己多干活，医生就会对妈妈好。自己多出力，医生就会认真给妈妈治病。擦完走廊，打扫男女厕所，为住院病人倒便盆、清洗便盆，一丝不苟，生怕做得不够好，医院就不让她再陪母亲了。至今回想起来,孔宁说:"还能闻到各种臭味,消毒液、血腥、屎尿、废弃的纱布……"

这孩子走后不久,照顾妈妈住院期间的一位芭蕾舞演员自杀了。

她患了骨癌,医生把她的一条腿锯了,要保她的命。她再也不能踮起脚尖优雅地旋转,跳芭蕾舞剧《白毛女》,跳《红色娘子军》。那时,古典芭蕾《天鹅湖》《胡桃夹子》《睡美人》《吉赛尔》,被视为西方资产阶级腐朽文化的代表,已经被赶下了无产阶级的艺术舞台,禁止再跳再演了。舞台上,只有《白毛女》和《红色娘子军》这两出革命现代芭蕾舞剧的戏码轮番上演。舞台才是这位年轻舞者的肉体和灵魂所在吧,没有了舞台,她就失去了活下去的愿望。

那天,凌晨两点。楼道里,护士长急促地呼喊:"小孔,快!拿担架!"孔宁"噌"一下从妈妈病床边站起来。护士长急匆匆进来,说:"芭蕾舞演员从五楼跳下去了。"

她扛着担架跟着护士长一路小跑到楼下，路灯微弱，月光惨白，只见芭蕾舞演员躺在露天花坛中，还微微动着。护士长说："她还活着。快，快，快，抬上去。"

　　看着单眼皮、短头发、奄奄一息的芭蕾舞演员，孔宁紧张得使不出力抬她上担架。

　　护士长就说："你背她！"

　　孔宁把她的双手拽来搭在自己肩上，芭蕾舞者身体软软的，护士长在后面抬着她的腿。医院的电梯不知为什么，在这个时候不运行了。她们只得一个台阶一个台阶地爬楼，孔宁边喘气边责怪："你为什么跳楼？为什么不活了？"这个十三岁的女孩，口气倒像一个二十三岁的母亲在亲切嗔怪根本不懂死亡为何物的三岁孩子。

　　医生把芭蕾舞者抢救回来了，用纱布把她捆在床上，以防她再轻生。孔宁对她说："你要活下去！怎么都要活下去！"可是，孔宁看到，她眼睛闭着，一声不吭，毫无

《芭蕾舞》

求生的意愿,仿佛在说,不能跳舞了,还为什么活呢?

这段可怕的经历后来定格在了孔宁的《芭蕾舞》这幅油画上。职业舞者有一种特殊的流动性的美,无论喜乐还是哀痛,可是在这幅创作于 2010 年的画中,那舞者是痛苦的,线条看起来并不舒展。这个不舒展,与其说在表现芭蕾舞者对失去舞台的痛苦,不如说是在表现孔宁自身的回忆片段,那种被亲人伤害带来的痛苦的迷失、愤怒和沉默。这些怎么可能是舒展的呢?

《粉花衬衣》

　　1971年初春的一个早上,哥哥小宇从满洲里来到上海,穿着爸爸的蓝布中山装,腰上系根草绳,像是逃荒而来。他是来接妈妈回家的。三天后,兄妹二人带着大病初愈的母亲,去了上海火车站。车开得飞快,街道那么寂静,孔宁趴在车的后窗,想到这一年的春夏秋冬,天天只顾照看母亲,连著名的上海动物园都没去过,还没见过她喜欢的长颈鹿,委屈的眼泪忍不住扑簌簌地掉下来。

　　若干年后,孔宁画了一幅《粉花衬衣》,这该是她的一幅自画像，灵感源于在上海买的一件白底粉花的衬衣。她正是穿着这件白底粉花的衬衣，奔走在潺热的弄堂，为躺在病床上的妈妈买小笼包补充营养。画面中的孔宁面容沉静，但这沉静下是她内心极大的孤独和哀伤。这粉花衬衣，既是她少女娇媚身影的象征，也是内心极度渴望温暖的隐喻。

回到满洲里的孔宁随后成为一家医院制剂室的员工，负责洗涮葡萄糖玻璃瓶。直到20世纪80年代初期，妈妈落实政策，她跟妈妈来到北京，在北京市检察院工作。但四年后的1984年初冬的一个凌晨，她被安排去刑场监刑，精神受到强烈刺激。

1988年，她辞掉工作。

1989年，她考取了律师执业资格，做了律师。

可是，当律师一样有挣扎，有痛苦。在律师这个职业上，选择正义还是金钱，是要经受住考验的，这样的抉择几乎会出现在每一个案子中。

曾经有一位非常优秀的女律师告诫她:"孔宁,你要是做律师就好好做,千万不要做诉棍。" 诉棍是司法界的流氓,拿了委托人的钱,为了钱可以做到黑白颠倒。其实,孔宁的性格决不允许她自己去做一个诉棍,她坚持站在正义这边。

2000年冬天,一个穿蓝灰色羊绒大衣、身材高挑的美丽姑娘来找孔宁,说:"我没有钱,只有这件大衣最值钱,你能救我哥哥吗……"姑娘的一席话,让孔宁想到了自己的哥哥。是这兄妹情打动了她,孔宁才接下了这个十分曲折的案子。

孔宁采取了各种方法使他免于一死。她为自己成功辩护救人一命而兴奋,特意去监狱看这人。见面时,他给了孔宁一张纸条,上面写着:"我本是个读书人,当我在看守所戴上脚镣时,我突然感觉太好了,我终于可以脱离疯

做检察官时的孔宁

狂的金钱世界,在牢里静静地读书了……"这些话让孔宁泪流不止,疑惑自己为他辩护,帮助他早出狱,是对还是错。

1998年,就在她全身心地为各种当事人奔走辩护的时候,孔宁的妈妈被查出结肠癌晚期。

2000年12月29日,凌晨三点,孔宁妈妈被宣告死亡。这是多么匪夷所思的巧合。20年前,她爸爸也是在一个寒冷的凌晨三点,离她而去的。孔宁看见妈妈被病痛折磨得不成形的脸上,似乎绽放出了笑意。孔宁说:"我该怎样形容我妈妈脸上的笑容呢?那样的苍白而又绚烂,那样的欢快而又辛酸，就像死去的花朵重新绽放了！"

母亲的离去让孔宁长期处在自责中，天天忙着替人辩护，没能用更多的时间陪伴在她身边。母亲1998年被诊断癌症晚期时，孔宁刚接手沈阳黑社会老大刘涌和他妻子刘晓津的案件。初中文化的刘涌曾经拥有很多光鲜的头衔：沈阳市人大代表、沈阳和平区政协委员、优秀企业家等等，原任沈阳嘉阳集团董事长。因犯组织、领导黑社会性质组织罪，故意伤害罪，抢劫罪，敲诈勒索罪，私藏枪支、弹药罪，妨害公务罪，非法经营罪，偷税罪，行贿罪，2000年7月11日被沈阳市公安局刑事拘留，同年8月10日经沈阳市人民检察院批准逮捕,被最高人民法院罕见地提审。2003年12月22日被处以死刑。

这个案件使她身心俱疲。她想在母亲生命的最后阶段，全身心地照顾她、陪护她,于是放弃了"刘涌案"的辩护工作。

母亲去世后，孔宁压抑在心底的孤独走到了极限，无论在熙熙攘攘的热闹街区,还是无人的夜,眼前浮现的都是母亲沉静的面庞,孤独的背影,还有挥之不去的生命中经历的恐惧。这时的她像一座荒无人烟的城堡,早已千疮百孔,随时都可能坍塌。很长一段时间,孔宁都无法面对母亲去世后的空房,天天抱着枕头和被子,蜷缩在车内过夜,似乎这样又回到了母亲的怀抱,能感到一丝安全。

有朋友不理解,问:"为什么有好日子不过?"她一听就想哭,她已陷入了悲痛的万丈深渊,甚至把自己送进了精神病院,那一刻觉得"疯了该多好,不知道思考了,不知道痛苦了"。

等医生给她换上了病号服,孔宁忽然有点清醒了,松垮的裤子没有带子可系,得用手提着,这一下让她记起了关押犯人的看守所。跟她一个病房的女孩,是政法大学的研究生,梳着马尾巴,一见孔宁进来,就一直反复说一句话:"妹妹,今天过去,明天就会好的。妹妹,今天过去,明天就会好的。"周围的人见她有吃的，都来抢。她刚躺下，一只大手忽然摁住她的头，把她的东西都抢走了。

她去上厕所，发现没有隔断，里面还有人洗澡，护士那里有监控器，监控着这里的每个角落，她觉得自己到了集中营。忽然，一个女病人从她后面浇了她一盆水，这盆水也彻底把她浇清醒了。她从头到脚湿透，回到病房。那个大学生还在说："妹妹，今天过去，明天就会好的……"

她真的感到了害怕，她去求医生，让她出去。结果，医生一句话不说，给了她一耳光。终于熬到了天亮，查房的医生浩浩荡荡地进来，穿着笔挺，她赶紧说："我没病。我是因为母亲去世，精神受到刺激，没家了。之前我觉得精神病院是个特好的地方，人都很善良，不会害我，来了才知道不是这样的。病人、护士都打我……"

没等她说完，医生转头给护士说："明天给她换单间。"

孔宁一下就火了："我没病！你凭什么鉴定一个人有

精神病？我说我是，就是吗？"

再喊也没有，医生不理她，转身离去。这时已经临近中午，她看着窗户外的阳光，心里说："孔宁，你把自己送进了地狱啊！"

就在她绝望之际，有人在喊她："孔宁，出来！"

病房门打开了，明媚的阳光投射进来，她看见张笑笑站在门口。张笑笑是她在检察院的好朋友，来接她出去的。张笑笑说："我这儿掐着表呢。你要是超过 24 小时还不出来，你知道是什么后果？你一辈子就都是限制行为能力的人了，就什么都不能做了！"

回想在这精神病院的短暂而诡异的经历，孔宁又开始感到愤怒了。医院到底用什么方法鉴定一个人是否有精神问题？大城市的高压生活，有多少人濒临崩溃啊？精神病医院里有没有像她这样盲目奔去的人啊？一旦进去出不来，就真变成精神病人了。活着，还是死去？400 年前，莎翁提出的著名选择，在孔宁这里不是疑问，她想到了死亡。可上苍就是不让她随便了却生命，好像还有重任要赋予她。

2001年，在"飞越疯人院"后一天，她女儿提醒她，说："妈妈，你在西山不是有一处房子吗？"孔宁的女儿跟她一样，跟她的外婆一样，十分聪明，也是缄默寡言得很，什么都是点到为止。她这是给妈妈指路呢，一条自我救赎的路。女儿的话让孔宁一下子记起了电影《飘》中，费雯丽扮演的郝思嘉回到南方塔拉庄园时，抓起一把沃土的镜头。结婚，守寡，再结婚，生子，亲人、情人都在战争中离她而去，什么都不能拯救她，爱情也不能，最后拯救她的就是那片沃土，那个家园。

恍如醍醐灌顶，孔宁直接开车去了西山。她开始在山上建造她的玫瑰城堡，为了对母亲永远的纪念。

她用冰冷的水泥、石膏、铁艺、玻璃材料制造和雕刻了十几万朵玫瑰花，她要把多年的苦难变成玫瑰一样灿烂的东西,把心底的惨烈的感受凝固在那里。

这个耗时5年,使用面积1500多平方米的"城堡",由"白玫瑰"和"红玫瑰"两幢遥相呼应的别墅构成,带着欧洲18世纪浓郁的古典气质,从设计到施工到家具到软装饰,无一不是孔宁的创意。

其实,她为母亲修建的这座"玫瑰城堡",更像是她的一个建筑雕塑作品。在一定意义上,可以说是不朽的作品。房子的每一处,都镶嵌着玫瑰,从"城堡"外墙,到横梁玄关,到卫生间的镜子,甚至洗脸池水龙头周边,都是玫瑰的影子,仿佛每个角落和细节都能嗅到芬芳。孔宁说:"这是坚韧和生命记忆的房子,是力量和爱的扎根,也可以说是爱的凝固。"

玫瑰,这个西方宗教与世俗文化中的经典之花,这个从那垂死的美少年阿多尼斯的鲜血中生长出来的心灵、肉体之爱的花朵,这个象征"宇宙之轮"的中心的花朵,它

"玫瑰城堡"秋叶环绕

短暂的美丽，短暂的绽放，短暂的芳香，令它与爱情、死亡和宇宙之谜紧密相联。以玫瑰为这栋房子的主题，对孔宁更像是一种本能。她说："血液就是我的玫瑰，玫瑰就是我的鲜血。我愿意像个小女孩似的，根植在那山坡上。

玫瑰城堡的卫生间里充满了玫瑰

再过一百年,再过二百年,那个从天街来的小女孩的生命,还在那里绽放着,还在那开着。"

2005年,"玫瑰城堡"建成后,孔宁站在"城堡"门前,看着一朵朵在水泥上、在铁栅栏上盛开的玫瑰,想象着母亲沉静的面庞,忧郁的眼神,她在心里说:"妈妈,您还是那样美丽吧?您看到我的忏悔了吗?"

然后,她跪在父母的照片前,大声告诉他们:"你们看啊,我建造了一座绽放玫瑰的城堡,我还坚强地活着,

"玫瑰城堡"廊柱上的"水泥玫瑰"

有力量地活着!"

建成后的"玫瑰城堡"堪称美轮美奂,完工后的第一个圣诞节,从城里来了很多朋友,坐在这意义特别的影院观看美国影片《西部往事》。以这部苍凉、诗意、残酷的美国西部片为暖房仪式,表明孔宁对空旷凋敝的满洲里是念念不忘的。她在城堡门口立一个牌子,上面写着:"在满洲里那样寒冷的地方, 我从母亲忧郁的眼神中读懂了,西伯利亚意味着什么。"

西伯利亚,意味着没有归期的流放,它似乎成了孔宁精神常态的一种隐喻。"玫瑰城堡"拯救了孔宁。不久,她那长久积压在身体中的有关苦难的沉重记忆,将以火山爆发似的态势,借助着油画和诗歌的艺术力量倾泻而出。

第三章
巴黎的绯色邂逅

就像 40 年前,一切与爱、与正义、与担当相关的事,迟早会以不同形式围绕着电影院和电影发生,只是 2017 年这次的恋情,是在巴黎一个记不得名字的影院中,在一部记不得讲什么的电影外开始了序曲。

艺术家多是敏感而脆弱的，终究需要爱欲、爱的折磨、爱的厮杀，激发他们的灵感，滋养他们的肉体，方能在创作上有朵朵奇葩绽放。渴望爱情，渴望被男人宠爱呵护，是孔宁生命中非常重要的命题。

　　2017年3月7日的巴黎，天空小雨飘扬，这给那些在"浪漫之都"游荡的人平添了些许惆怅和哀愁。雨，延迟了孔宁在巴黎展示行为艺术的计划。于是，她独自走过香榭丽舍大街，来到一家电影院，准备看一场电影——无论什么电影，只要能让她陡然孤寂的心得到片刻的慰藉。站在售票窗口前，她连比带画，选了11:30开映的大卫·林奇纪录片。就在她一转身离开售票窗口时，身后蹿出一个中年男人，蓄络腮胡，皮肤黝黑，头戴灰色毛线帽，手持一张电影票冲她挥舞。孔宁定睛一看，这个男人居然跟自己看的是同一场电影。

　　他们互不通语言，靠着手机上的中法翻译字典，孔宁

塞巴斯蒂安拿着大卫·林奇的电影票，拍了一张照

知道了这个男人名叫塞巴斯蒂安·托卡，一位自由摄影师。

孔宁身高一米七，黑眼睛，黑头发，神情淡漠，身姿挺拔，嘴唇紧闭，嘴角微微上翘，隐约的微笑弧线，构成了她飒爽的气质。对这个特别的气质，她自己并不知，直到2017年她来到巴黎，行走在大街小巷，她发现这个"时尚之都"的男女对她侧目，因她松弛恣意的姿态，超出了他们对东方人的认知，丝毫没有外乡人初到巴黎的紧张和小心翼翼。

在塞巴斯蒂安的眼里，这位来自中国的女人，暗合了自己对东方女人的想象，但又是相异的。正是这个是与不是之间的不确定，一如魔力，深深吸引了他。

在陌生的巴黎，遇见一个陌生的异国男人，跟她一样喜欢看电影，喜欢看同一类型的电影，那女子孤身在异乡本该有的警惕和矜持倏忽遁去。于是，孔宁和塞巴斯蒂安像两个熟稔的老朋友，欢快地走进了电影院。

但在近两个小时的观影中，孔宁感觉人是坐在那里却又不在那里，银幕上在讲什么，亦浑然不知，只是隐约感到坐在自己左边的这个男人一直在暗中观察自己。后来，这个名叫塞巴斯蒂安的男人说，其实他也不知道这个电影讲了什么，思绪完全在身边这女人身上："她是哪儿来的？来巴黎做什么？她看上去可不像来巴黎游玩的普通游客，她为什么会来看电影？……"

塞巴斯蒂安所有的疑问，很快就会有答案。唯独影院和电影，在孔宁的心中是一个近乎神圣的符号，在她生命中的无数个拐点，影院和电影如同启明灯，照亮了她晦暗沮丧的路途。因此，无论身在何方，只要有机会，她一定会去电影院看电影，或为了愉悦，或为了消解忧愁。这一点，塞巴斯蒂安或许至今也是不知道的。

此刻，坐在巴黎影院中的孔宁，内心的某个角落，一定是跟满洲里的友谊宫有所呼应的吧。

在满洲里三道街，孔宁来到人世的那条街，有个中苏人民友谊宫。这座仿希腊风格的建筑，强调了进入的仪式感，门厅处理得十分伟岸，让个人在这里面感到渺小。不过，三角门楣左右的条窗，把这庄严消减了几分，带上了少许的温情。

这个高度颂扬两国友谊的宫殿，却是孔宁年少时的"天堂影院"，在这里她了解了外部世界，真切感受到了温情。她从小就在这里看电影。正是在友谊宫，孔宁完成了自己人文关怀的启蒙。

友谊宫有位放映员。这位中年男人是日本战犯的遗孤，"二战"结束时，他的父母切腹自杀，把这孩子孤零零地留在了满洲里。他在这边境小镇，竟活了下来，还成了电影放映员，放映各种来自社会主义国家的电影。

1978年夏日的一天，日本电影《追捕》在友谊宫上映。这是"文革"之后登陆中国的第一部外国电影。高仓健扮演的东京地方检查官杜丘,为人正直,却被人诬告犯有抢劫、强奸罪。为了洗清冤屈,杜丘一边躲避警察追捕,一边追查自己被诬陷的真相。在躲避追捕的山中,杜丘冒险救了由中野良子饰演的牧场主女儿真由美,两人坠入爱河。在真由美父亲的帮助下,杜丘在一家精神病院找到了诬告者横路敬二。

银幕上杜丘骑着白马,正带着真由美狂奔,影院内的防空警报忽然拉响。防空警报,对边境居民来说,已经稀松平常。但是警报的每一次厉声,还是令人惊慌不已。那天在友谊宫电影院,警报一响,人们像训练有素的军人,瞬间逃离影院。但孔宁却没有跑。她不知道为什么没跑。"可能真的是'傻'吧。"后来孔宁回忆说,那时的她,常常被不少同学看成是"大傻子"。虽然大家都离开了,但银幕上的故事还在继续,20岁的孔宁还是感到了丝丝害怕,不由得回头看楼上放映室,那位放映员竟平静地冲她挥挥手,示意她继续看。在空荡荡的影院，这个少女就入迷地盯着银幕，直到银幕上电影最后的字幕走完。

在那样一个精神、物质都极度匮乏的年代，这样一场只为一个少女放映的电影，无疑是一份厚重而无价的礼物，在那样一个危急时刻，放映员还能照顾到一个少女对电影的渴望，真是动人心弦。今天的孔宁每每想起，内心潸然。这位有悲悯之心的放映员，就这样在她年轻的心中，播下了悲悯、正义、担当的种子，这三大美德一直跟着孔宁，让她在一个又一个人生最黑暗难堪的时刻立于不败之地。

2001 年，孔宁在为纪念母亲修建的"玫瑰城堡"中，建了一座"红玫瑰影院"，廊柱上开满玫瑰花，相互簇拥，彼此呈现出生命的璀璨。在设计方案上，孔宁并没有刻意座位多少。可是，结果实在有点诡谲而令人费解：一共 35 个座位。"其中一个是留给友谊宫那位放映员叔叔的，也是留给自己的。"这是孔宁为他种植的一株玫瑰，永不凋零。

他或许已不在人世，可是，"'玫瑰影院'能够随时迎接他，这位伴我度过孤独恐惧青少年时代，给过我莫大温暖的放映员，不离不弃"。

在友谊宫看电影，是少年孔宁躲避现实恐惧和痛苦的唯一途径。银幕上的美好世界，让她日夜感受的不安暂时消遁了。她在影院里享受着生活中从未有过的一种快乐，一种家的温暖，甚至一种面对现实的勇气。当时放映的电影多来自朝鲜、罗马尼亚、阿尔巴尼亚这些与中国分外友好的社会主义阵营国家。

一部名叫《宁死不屈》的故事片，为孔宁展开了勇敢的翅膀。这部1969年上海电影译制片厂译制的阿尔巴尼亚电影，围绕1939年至1944年间，阿尔巴尼亚几个普通革命者与法西斯抵抗的斗争片段展开，中心人物是两位女游击队员——米拉和阿费尔蒂达。由于叛徒出卖，米拉和阿费尔蒂达同时被捕，在监狱中，在刑场上，她们不受威逼

"玫瑰城堡"中的玫瑰电影院

利诱,宁死不屈,英勇就义。

《宁死不屈》对在"文革"这个特殊时代成长的青少年,记忆和影响都是极其深刻的。米拉站在天台上,微风吹动着她卷曲的短发,乌云把她幽深的眼睛衬托得分外明亮迷人,无数青春萌动的男孩子,就情窦初开起来。日常生活中,见到心目中的漂亮女孩,就远远地、斗胆地叫一声"米拉",然后一哄而散。

孔宁这个深陷外部恐惧环境中的少女,也疯狂地爱上了米拉。她模仿米拉的穿着打扮,哼唱电影主题曲:"赶快上山吧,勇士们,我们在春天加入游击队;敌人的末日即将来临,我们祖国定要获得自由解放!"见到同学打招呼,喊的是那句贯穿电影始终的口号:"消灭法西斯,自由属于人民!"

这口号像是寻找自己人的暗码,一喊,就表明了身份,那回应的人,也回应一句:"消灭法西斯,自由属于人民!"

男孩子们尤其喜欢这样呼来唤去。可是，对孔宁这样极度敏感孤独的女孩，这句电影中革命者的口号，一下子唤醒了她被压抑的心事——爸爸妈妈不是坏人，我也不是"傻子"，她有了表达的冲动和疯狂。

她把自己想象成了米拉，竟没有了长久盘踞心头的恐惧，以为自己就是一个能战胜法西斯的女战士，以为所有的恃强凌弱都是法西斯。久而久之，同学也开始唤她"米拉"。结果，这个漂亮的女孩，心头就生出了跟人打架的渴望，好像不打架，就无法表明行侠仗义的心，不足以证明自己是配得起"米拉"这个称呼的。

打架，是要约到友谊宫门前来打的，仿佛那是个正义的审判场合，让路人知道，自己不是滋事斗殴，而是伸张正义。由于自己家庭遭遇的不公，小孔宁本能地懂得了公道和正义的重要。结果，她约打架的理由，都是替人出头，有时是为了大欺小、强欺弱，有时是为了插队买电影票。

友谊宫门前打过多少架,早不记得。但她说:"打的每一架,都是为了伸张正义。"

对她来说,看电影就是一场又一场与天堂的对话。电影不仅给了她面对现实的勇气,也为她提供了对满洲里小城以外的美好生活的想象。她开始有了"人间"生活的气息,开始关注自家门前的小花园,关心家中的陈设。看完电影,经常还同几个好朋友,去烈士公园畅想未来。那时,她以为,未来一定是像电影一样充满希望的,尽管路途荆棘丛生,坎坷不断。中苏友谊宫承载了孔宁少女时代对世界、对人生、对理想的所有感悟和感情,改变了她的一生,可以说是她心中的一块圣地。2006年,满洲里为了房地产开发,把她的"天堂影院"拆了。

在那样一个荒芜的年月,中苏友谊宫成了孩子们心中充满梦幻的盒子,是孔宁面前温暖的灯光,驱逐了黑暗中的阴冷。那位敦厚的放映员仔细放出的每一格胶片,也帮助孔宁完成了对英雄主义、惩恶扬善的美好想象。

就像 40 年前，一切与爱，与正义，与担当相关的事，迟早会以不同形式围绕着电影院和电影发生，只是 2017 年的这次恋情，是在巴黎一个记不得名字的影院中，在一部记不得讲什么的电影外开始了序曲。

　　电影结束，孔宁跟着塞巴斯蒂安走出影院。雨已停，天放晴。此刻，孔宁的心情是轻松喜悦的。塞巴斯蒂安右手的拇指和食指轻触一起，在嘴边做出喝咖啡的动作，孔宁没有丝毫犹豫，接受了邀请，跟着他走进了电影院对面的咖啡馆。孔宁走在他身边，看上去年轻优雅，但又有些盛气凌人。

　　这是巴黎无数大街小巷的拐弯处都能见到的那种咖啡馆，普通极了。然而，在这个如此普通的咖啡馆中，孔宁注意到了塞巴斯蒂安的局促不安。"他跟这个环境太格格不入了。坐在里面的那些男人女人，个个衣冠楚楚，轻声细语，很有教养的样子,虽然这并不是什么高档的咖啡馆。"

塞巴斯蒂安默默地坐到一张不起眼的桌旁,大概是想让自己不被看见吧。可是,身上陈旧的帽衫,不修边幅的模样,却愈发凸显了他的局促。看着这个男人,那么小心地坐下,那么拘束,孔宁与生俱来的英雄主义从心底腾升,怜惜的情绪汹涌而来。塞巴斯蒂安这个法国人在桌边卷着烟丝,自顾点燃烟斗,而孔宁这个不会法语不会英语的中国女人,却径直走到收银台,按图索骥似的,给自己要了一瓶气泡水,为塞巴斯蒂安买了咖啡、面包,还有甜点。"塞巴斯蒂安把面包一小点一小点喂到嘴里,像一只小鸟一样。也不知道是珍惜食物,还是饥饿太久,胃变小了。"孔宁至今回忆起来,仍是爱怜的口气。

从咖啡馆出来,塞巴斯蒂安送孔宁回到她租借的公寓,分别时的拥抱是拘谨的,有些礼节性的,但那一刻彼此心中都生出了缠绵、爱欲,还有何时能再相见的焦虑。这一幕仿佛孔宁初恋的重演,尽管后来发生的一切表明,孔宁对再见的期盼超过了塞巴斯蒂安。

在1979年那个被备战气氛笼罩得紧张窒息的初春,孔宁爱上了一个叫小斌的男孩,那时,她刚过完20岁生日不久。二月的一天,孔宁第一次去哈尔滨。在她妈妈老战友孟姨家,她一眼就爱上了孟姨的儿子小斌。小斌的爸爸是右派,正在申诉平反。孔宁就帮他誊抄申诉材料,这便是她对小斌的爱的表达,委婉而又直接。小斌爸爸夸她字写得好看,跟她人一样。离开孟姨家下楼时,送她的小斌说:"你要是在哈尔滨多好!"然后,顺手送了她一张自己的照片。

孔宁的心被莫名的温暖填得满满的。小斌一句多余的话也不说,但对孔宁来说,那照片把什么都说了,把心底汹涌的感情都表达了。那时的男女,真是行止不越矩,百转千回的爱意,就那么语焉不详的一句话:"你要是在哈尔滨多好!"这话和那照片,在那样一个革命苦行僧美学当道的料峭凄苦的春天,像是送给日日怀抱机关枪备战的孔宁的一朵玫瑰花,让她心中生起飒飒春意。

她回到满洲里后每天都去小镇上的邮局,查看有没有小斌的来信,一如她今天日日翻看微信,期待出现来自法国的塞巴斯蒂安的讯息。孔宁每时每刻都有想离开满洲里去找小斌的冲动。她知道,要与一个右派的儿子相好,在"文革"结束之初,还是一件冒风险的事。然而,她爸爸为爱而义无反顾的基因多么强大呀,丝毫不差地遗传给了孔宁。为了爱,她可以不顾一切,可以付出所有。

一天,孔宁真的去了哈尔滨,没有告诉任何人。她和小斌在冰封的松花江边走了很久,却几乎没有说话,粗粝的寒气把他们的脸冻成了紫色,脚步还是不停下来,带着一种初恋才可能有的倔强。她长长的睫毛凝结成了薄薄的霜，小斌这时忽一扭身，把孔宁揽入了怀中，说："你太美了！"

第一次被人这样直白地赞美，第一次被一个男孩子这样热烈地拥抱，幸福像决堤的春江水，顷刻漫过了她的身心，但同时又让她害怕得瑟瑟发抖——她以为被一个男人拥抱了，就会怀孕生孩子。刚刚结束的十年动荡，压制和回避了人性中最根本的欲望，在这个革命岁月中成长起来的男女，每一个春天都是苍白和残忍的，对性是一无所知的，有多少人以为拥抱和接吻是会怀孕的呀！

孔宁那1979年的初恋，宛若早春二月的桃花含苞，亭亭玉立在冰封的北国，注定只有瞬时初绽。孔宁不久跟着落实政策的妈妈到了北京，这段初恋在那个萧瑟的春天戛然而止。

初恋时，青春勃发，对比自己大三岁的小斌，孔宁更

1978年,梳辫子的孔宁(右二)与高中同学在一起

多的是依恋和崇拜。而人生下半时,尝尽各种爱的痛楚,貌似风平浪静,实则是一座活火山,随时可能因爱的引诱而爆发。在与塞巴斯蒂安的相处中,孔宁的朋友们普遍认为,她太痴,扮演着情人、母亲的角色。痴,是因为率真,是因为重情。她为他准备各种生活用品,从吃的、穿的到露宿的照明灯。

孔宁深信,自己爱上了在巴黎电影院邂逅的塞巴斯蒂安,但并不十分确定他是否也如此这般深情地爱上了她。她对塞巴斯蒂安的关怀与照顾,颇有当年她爸爸宠爱妈妈的影子。孔宁的爸爸始终把她的妈妈当作初恋的情人宠着爱着。如果妈妈在家,她吃的饭,永远是小半碗米饭,爸爸说,满碗,饭会很烫。他怕烫了妈妈的嘴。妈妈吃的菜,永远是放在小碟中,很讲究。妈妈吃鸡蛋时,爸爸剥好,吹凉后,放在她的嘴边。

孔宁也这样无微不至地宠着爱着这个小她11岁的男

人。她用东方人的思维,去关心和疼爱这位从法国东南部尼斯来巴黎的男人。在巴黎孔宁的住地分别的那晚,塞巴斯蒂安落魄的背影在橘色路灯下显得无助而委屈。

　　第二天,孔宁去商场,为塞巴斯蒂安置办了衬衣、外套。这是孔宁极少在人前显露的母性光辉。但个性独立、脾气暴烈的塞巴斯蒂安,对此并不甘之如饴,甚至有些许感到自尊受伤。他们到底是两个被爱深深伤害过的人,伤疤一直都在,伤口一直没有完全愈合,稍有阳光雨露滋润,就会手舞足蹈,稍有不慎碰触,就会在爱欲中厮杀致死。一日,在孔宁租的住地,为了一件今天完全不记得的事,或者根本就不是事的事,塞巴斯蒂安把孔宁为他买的衣服扔了一地,一件一件地扔,嘴在咆哮。孔宁说:"听不懂,就知道生气了,很愤怒,然后,摔门而去。"事后,孔宁像安抚孩子似的,平复他的怒气。但是,这样粗暴的摔门举止,不久后,还会在北京,在孔宁的百子湾的公寓发生。

法美混血儿塞巴斯蒂安，是一位看上去比实际年龄大许多的忧愁中带着愤懑的男人，胳膊布满刺青，爱喝酒，爱抽烟，以麻痹心中的伤痛，一段因初恋而造成的永无愈日的伤痛。2012年，他在美国初恋女友家中，目睹了一场血案，女友的妈妈被人枪杀了，躺在血泊中，躺在他眼前。

　　"他初恋的女朋友，真是太漂亮了，金色的长发，蓝色的眼睛，特别像好莱坞的明星。"这是孔宁看到塞巴斯蒂安储存在手机里的唯一一个女人的照片。

　　悲剧从此犹如头顶上飘荡着的一面漆黑阴沉的旗帜，无法触摸，却那么实在地压迫着人，足以让人窒息。"生活，以及对生活美好的憧憬因此而彻底颠覆。"塞巴斯蒂安说。

　　这年，塞巴斯蒂安的初恋终结了。他转让了在尼斯海边经营得不错的滑板生意，卖掉了房子。1990年他开张这个店时，才21岁，酷爱滑板运动，那几乎就是他的生活方式。塞巴斯蒂安原本就是一位相当不错的滑板高手，正是在芝加哥的一次滑板赛事中，结识了初恋的金发女友。

没有了生意、没有了房子、没有了女友的塞巴斯蒂安，买了一辆自行车，买了一台徕卡相机，开始单骑、拍照、旅行，漫无目的。对他来说，"骑行，是能忘记痛苦，忘记过去的最好方式。骑着自行车旅行时，可以彻底忘记现实生活中所有的不如意和伤痛。拍照，是为了留住旅途中某个时刻的某种感觉"。但这种千万里的单骑，更像是一种逃避，一如当年开店是为了"用忙碌把自己的脑袋填满，不用去想生活中的难题"。在无情的现实面前，塞巴斯蒂安更愿意妥协。

孔宁和塞巴斯蒂安，都是特立独行之人。她发现，塞巴斯蒂安在巴黎，这个多数人心中的艺术家云集之地，并没有什么朋友，也没有圈子。但艺术家眼中的东西是异于普通人的，孔宁就在塞巴斯蒂安这个不甚英俊的法国男人身上，发现了一种抽象的美。她视塞巴斯蒂安为"一只雄鹰，一个罕见的生命存在。而他骑行时拍摄的照片，感觉非常当代"。

孔宁在巴黎，当然也没有太多的朋友。她不会法语，但这一点不妨碍她享受与塞巴斯蒂安一起度过的激情奔涌的时光，也一点不妨碍他们二人在巴黎街头漫步徜徉，用眼神去感受彼此。孔宁时常觉得，"他被孤独和一种无法言说的痛苦捆绑着，挣扎不开"。

塞巴斯蒂安不懂中文，无法看懂孔宁用中文写的诗歌。但他在孔宁的画中，看见了自己，他发现眼前这位来自东方的女人，也是"心底有一种哀痛"。塞巴斯蒂安这话一出口，孔宁喜极而泣，好像在苍凉的人世寻找多年的、失散的恋人，终于对上了暗号接上了头，尤其是当这事发生在巴黎，这座无论什么时代、什么季节，都为那些在这里游荡的、孤寂的、躁动不安的灵魂，预备着弥合苦痛的慰藉剂——粉色的，或暧昧的，肆无忌惮的欢愉，那欣喜就显得格外的动人心魄。突如其来的爱欲，更是短暂地给予了彼此精神上的共鸣和肉体上的欢愉。

然而，塞巴斯蒂安不是一个让孔宁满意的情人，他们的关系充满了猜忌、暴戾的争吵，都是手语、肢体语言，跟爱一样热烈。

孔宁爸爸对妈妈的爱近乎偏执，深刻影响了她。在爱的行动上，孔宁太像爸爸了。"不管你爱谁，我都爱你。"当年的爸爸对妈妈这样说，也这样做了。对爱，孔宁总是带着飞蛾扑火的气势，把一切世俗目光置于脑后，疯狂地爱塞巴斯蒂安。塞巴斯蒂安在经济上十分窘迫，没车，没房，没工作。骑车走天下，一路骑行，一路拍照，至于拍来干什么，并没想过。对此，孔宁丝毫不在乎，反而非常欣赏他常年骑行，在大自然中歇息。孔宁说："他每天都在与天与地思考，思维丰常富有哲理，有融入自然的使命，又把自然转化成了艺术——摄影作品，非常当代。"

巴黎的缱绻缠绵持续了一个星期。2017年3月中旬，孔宁离开法国回国。回到北京的她，开始不可救药地思念塞巴斯蒂安。在爱的表达上，孔宁太像她妈妈，也是木讷的，无法把爱直接说出口，而是用自己认为最合适的行动来示爱。因为木讷，她或许真错过了一些人，而对方再次出现，或不期而遇时，其实一切都不在了。

2014年冬，在北京去三亚的飞机头等舱，紧挨着孔宁坐下的，竟是她高中时期曾暗恋的一位男生。当年的英俊少年，如今成了谈吐儒雅、举止有度的商人。一路上，年已56岁的孔宁，竟然像情窦初开的少女，那样的激动又那样的紧张，生怕内心的情感秘密泄露出来，毁了眼前突如其来的相逢。一路上，孔宁貌似气定神闲地与他漫无目的地闲聊，天南地北，吃喝玩乐，什么都说了，又什么都没说。爱和恨一样，是不可能深埋心底的，总是要有出口表达的。在飞机上想要说出来而又没说出来的情愫，最后在孔宁的自画像《期待》中得到了充分释放。

在这幅她一下飞机就创作出来的画上，是一位淑静的女子，梳着漂亮的长辫，手持一枝蓝色的向日葵，半掩去酡红的面庞，嘴唇抿着，似乎想表达爱意，话在舌头上了，又咽回去了，安详宁静中带着一点羞涩和爱的慌张，完全没有了以往作品中粗粝而疯狂的笔触，内心的爱或恨的煎熬被温婉端庄感所取代。孔宁说："我画的就是这样一个我——绝对渴望相信爱情，可是爱情一旦来了，又有点不敢接受了。"这是在呼唤那个在冰冻三尺的松花江畔与初恋的小斌散步时的温柔的孔宁吧？一个在爱情中会奋不顾身而又无比柔弱的自己吧？这是孔宁的画作中，最为温暖的一幅，它让观者看到她内心鲜为人知的柔软和她一直期待的平静。

在与塞巴斯蒂安的交往中，孔宁同样把无法用语言表达的思念，抒发在了画上。她为塞巴斯蒂安画了一幅肖像，

第三章 | 巴黎的绯色邂逅

《期待》

画上的塞巴斯蒂安情绪阴郁和茫然，但那眼神又依稀可见孔宁自己。或许，这幅肖像画也是孔宁内心情感的一幅画像，她到底是因不确定塞巴斯蒂对自己存有怎样的感情而焦虑着。

从巴黎回到北京的孔宁，马上开始筹划塞巴斯蒂安来中国。2017 年 7 月 26 日，北京溽热的三伏天，塞巴斯蒂安手持孔宁为他购买的机票来了。在中国近三个月的日子里，孔宁一直被爱的情绪左右着，今天看来，这更像是她自己营造出来的一种幻境。她满怀爱意地带着塞巴斯蒂安去上海、去哈尔滨、去她的出生地满洲里，这三个在地图上天南地北，却在孔宁前半生留下过重要印记的城市。她似乎希望顺着这条线路的行走，能让塞巴斯蒂安些许地明白她为什么会是今天的她。

深秋的一天，在孔宁西郊民巷的画室，小院弥漫着淡淡的烟草味，与刚刚端上桌的锅贴散发出的微微发焦而香脆的味道交织一起，氤氲出一种热腾腾的爱欲。塞巴斯蒂安点燃烟斗，眼睛像是舞台上的追光追随着孔宁，两人依然语言不通，而表达爱意的眼神却畅通无阻。孔宁用中文讲着他们在北京生活的点点滴滴。

这对异国情侣，上一刻还沉浸在爱欲中，下一秒就可能莫名地焦躁疏离。一天，塞巴斯蒂安忽然发烧。这本来是普通感冒引起的，但因为他是异国人，因为是自己爱的人，孔宁变得分外紧张，唯恐有丝毫闪失。孔宁将他送到附近最好的医院，但塞巴斯蒂安并不信任中国医生的用药，提出自己希望的药，都是很贵的进口药。这让孔宁有些许的不快，毕竟所有的费用都是她在支付啊。

在北京的日子里，塞巴斯蒂安完全体会到了孔宁给予他的母性般温暖的爱抚，以及初恋情人似的灼热激情。他有些心安理得地享受着孔宁为他付出的一切。情人间是需要适当距离的，一旦亲密无间，就会因对方微不足道的疏忽而表现出挑剔，甚至愤懑。这次，从医院回来，塞巴斯蒂安表现出了对就医的不满，精疲力竭的孔宁顿时失去所有的耐心，摔门而去，留下塞巴斯蒂安孤零零地在公寓里发愣。

可是出门没走多远，孔宁就开始担心自己的行为可能导致塞巴斯蒂安离开自己，惴惴不安。而塞巴斯蒂安却像什么也没发生一样，或者说并不明白孔宁为什么怒气冲冲。

不见几日，就在她生日那天，从外面回来的孔宁，看见卧室中央的床上矗立着一匹价格不菲的小马驹玩偶，那马的跟前摆放着一个黑色的长方形纸盒,里面是一枝红玫瑰。"这个礼物太精致！太浪漫了！太让我感动了！他经济上那么窘迫，还送我这么贵重的礼物。"于是，两人又和好如初。

而塞巴斯蒂安却用英文诉说着他对这个女人的迷恋，诉说着他的骑行。"她太神奇了。跟我所认识的任何一个人，男人、女人，都不一样，在巴黎街上，没见过她这样打扮的女人。"孔宁遇见塞巴斯蒂安那天，穿的是带帽的黑色风衣，因为腰部收拢，下摆撒开，看上去像穿着19世纪的古典连衣裙，很是惹眼。

在过去的三年，塞巴斯蒂安骑车越过法国，去了南欧的西西里岛、希腊，亚欧大陆相交的土耳其, 东欧的乌克兰、罗马尼亚、匈牙利等国。他视骑行为他的哲学，因在路上飞骑，可以"跳脱出既有的令人不安的消费主义横行的世界，

孔宁油画《黎明》
2017 年 5 月

从而重建个人与自然直接接触的关系,重建自己的生活秩序。但很多人没有意识到这一点,结果失去自己"。

当他骑行在野外,在夜晚的帐篷里,他会读卢梭的书,他说:"骑车时,我会思考很多问题,拍照让我短暂停止思考。我的图片都是我思考的一种投射。"

塞巴斯蒂安的影像,或动感十足,或失焦神秘,仿佛他这个人。这一特点深深地影响了孔宁,她后来在路上的一些拍摄多是以失焦的面孔出现的。在北京接受某网络媒体采访时,塞巴斯蒂安说,他骑行时,像滑板一样飞速疯狂,把很多滑板动作带到骑行中，在城市的汽车车流中，扭动单车的车身，体验速度变化的刺激，这些速度动作，也都在照片中被记录了下来。

孔宁有着比塞巴斯蒂安更显而易见的才华和天赋，谈论起一个艺术想法时，极具感染力，总能让在场的人兴奋。在爱的驱使下，她为她的小爱人在中国北方一个赫赫有名的古城平遥的国际摄影节上，举办了个人摄影展。

但是，这段持续了大半年的情侣关系，始终充满暴戾的争执，厮杀多过甜蜜。两个极端桀骜、极端敏感的灵魂相遇，常常会为了恋人某个细微的动作、言谈，或行为出离了自己的理智与情感的认知范围而歇斯底里。

最终，2017年10月4日，塞巴斯蒂安在行囊中装上对这个东方女子五味杂陈的回忆离开了北京。他返回巴黎的机票，一如他来，亦是孔宁为他买的。

艺术家孔宁与"什么都不是"的塞巴斯蒂安的罗曼蒂

克史，随着北京最美季节秋天的离去而戛然而止，几乎没有任何征兆。敏感的孔宁在这段感情中备受煎熬，总是将对方任何无由头的不快乐，归咎到自己的"急脾气，对他不够宽容"。这种带着负疚情绪而又不平等的爱，让孔宁始终处在焦虑、自责、揣测和思念中。

塞巴斯蒂安刚一离开北京，孔宁就开始不断地给他写信、写诗，再请朋友翻译成法语，通过微信传递给他。她反复写道：我遥远地眺望你。

等待塞巴斯蒂安的微信回复，对孔宁来说可谓虐心。她完全忘记了北京与巴黎有 7 小时的时差，北京的白天，正是巴黎的夜晚。只要一天没收到微信或回信，她就开始焦虑，揣测"他为什么不给我回信，是不再爱我了吧"。

一次，塞巴斯蒂安在发来的微信中，什么话也没说，就是他画的一个太阳。孔宁把这个解读成："肯定是不想再理我了。"

于是,她给他回信,像诗一样,写道:

你像一只雄鹰

你也像一首原野上的诗

你有非凡的艺术才华

你迷惑了我

虽然我们此时,或长时不能相见

你在我心中,你的眼睛就是你画的太阳

你安全地骑行,我遥远地眺望你

我愿意余生一直思念你!

但塞巴斯蒂安不再回信。

2017 年 12 月 1 日,孔宁携带着她的"小蓝人"去希腊展示行为艺术,却先飞去了巴黎。很显然,她是希望能见到塞巴斯蒂安,或者说她极度希望塞巴斯蒂安能来见她。离开北京前,她给他发了微信。

  但是,她在巴黎已经三天了,没等来她的法国情人的只言片语。理智告诉她,塞巴斯蒂安不会出现了。

  来巴黎一周了,还是不见塞巴斯蒂安的身影。孔宁成熟而又带着孩子气,性格热情而任性,吸引和征服了塞巴斯蒂安,但他在燃烧她的激情的同时,又把她毁灭了。最终,她写下了《忘了初心》,尘封了这段相杀相爱、暴雨般来去神速的感情:

  残霞仍是冬日的血液
  我为黑夜打开了门窗
  我将消失不需要防范了
  我细心听风的情绪
  喜爱雨亲吻我

孔宁：地球新娘

孔宁油画《想成为画的女孩》（2018年5月）

当我在北纬 45 度有了 16 岁起跳的样子

我不求证实

所到之处是阔别还是一闪而过

我不管天空和我不清楚为什么

徒步到黄昏

放下疑惑

忘了自己，忘了初心

不在意回归荒原之中

寂静无声

弛缓地，不急地

快乐地凋谢

踏实了，勿念了

生出无所谓的样子

这诗定格了他们短暂而汹涌的情爱,天涯各一方,今生永无再见之日了。或许,像孔宁不断重复的那句诗句:我遥远地眺望你。只是这个你,不再是塞巴斯蒂安本身,而是他带来的巴黎的绯色邂逅,轰轰烈烈,就这样转瞬逝去了。

第四章
她的情人,她的墓地

她含着苦涩的泪水,唱着赞美的诗篇,穿着踏春的舞裙,"缓缓穿过黑夜的囚禁,欢快地燃放着孤寂的封锁"。如果不绘画,不写诗,不用艺术创作去抚慰内心的痛楚,孔宁那鲜活的肉身将会终身无言。

孔宁是带着伤痛活着，且燃烧着的女人。

2016 年，孔宁的诗集《孔宁早上醒来》，不管不顾地面世了，剑走偏锋似的。这究竟是一个缺乏诗意、不大读诗的时代。

这本由新世界出版社出版发行的书，书名似乎并不那么诗意。然而，这不诗意中却有一个诗意的悬念——孔宁每天清晨醒来，然后，做什么呢？

"写诗！"她说，"从 6 点写到 8 点。"诗歌一气呵成，只字不改，直接就上传到了朋友圈分享。即便因为艺术活动，去到异国他乡，她也写诗不辍。在过去的十年里，她已写了一千多首诗，其文字浓艳，情绪幽婉，意境诡秘。

天一亮，对孔宁来说，是新生，人像是从黑暗的死亡中醒来，让奇妙诗句走出来，见太阳，吸空气。她说自己没有诗歌的概念，只是在这些妖媚的句子出现的刹那，飞快地捕捉住，"让它们和我一起睁开眼睛，穿一条裤子，扯拽着烈风前行。大部分文字被我捕获，就不再挣扎了，乖乖躺卧在我铺好的洁白的酒毯上，或风流地醉死在我的笔端"。而这一切似乎都是在"死去"的黑夜中发生，在深黑的夜晚，好像有上苍派来的缪斯，悄悄在她的耳边说了点什么，她灵魂深处忧伤的面纱，只有夜的黑，才能把它取下。

  2016年4月19日这天早上，孔宁写完了《没拉下的窗帘》：

  多想今日扑进海的怀抱
  多想再找不到自己的轮廓
  就算一生从此消失殆尽了
  我的心沦落成更加鲜活的太阳光子了
  混搭的呼吸声是旷野中的猛虎和猎犬
  千年的冰
  忍不住的执白

忍不住的决堤

今天下雨

一定下雨

那是最爱我的人含在眼眶的最珍贵的泪水

我一夜没拉下窗帘

让爱我的人看到我熟睡的嘴角微微地上翘

我一定是梦中拿着蓝气球降落在海边

一定是拿着洋娃娃跳娇滴滴的花舞

天赐我的深爱你在哪

即使风停飞了

空气不喘气了

我也会放声呼唤你

我也会用尽所有力气呼唤你

没有别人可以让我的泪如闪电飞溅

我会拎着存储的多年压箱底儿的话一辈子的行囊去见你
今天我爱的你不论在何处
等我变白蝴蝶
等我变白蛋壳
我们和岁月一起转身
我们和宇宙目不转睛地注视
手牵手朝往事飞奔成年轻和貌美的天空的肠子
一会变细变高变圆变柔变红

然后，她穿上自己设计缝制的"诗歌婚纱"，带着五件诗歌装置作品《孵诗》《飘》《铁道上的诗歌》《跳字的笔盒》《白蝴蝶》在城东的朝阳公园，携手出版社举办了别具一格的新书发布会——"请从我身上取诗歌"，以此唤醒人们内心沉睡的诗之歌。

孔宁在诗集《孔宁早上醒来》
新书发布会现场

"这个女人有点意思,有故事。我不是很懂诗,就是直觉。"一个自称刘京的读者一边翻看孔宁的诗集一边说,"一般写(书)诗的人不会画画,画画的人不一定能写诗。这个人,写一本诗集,里面的画也是自己的,画很是揪心哦。"

的确,孔宁的诗句跟她的画一样扰人心绪,呈现出一种平静中的挣扎,痛苦中的璀璨。她在《别离的花茎》中写道:

落日下的芦苇

扶着别离的花茎

奄奄一息的白玫瑰告别了

带血丝的往事

残缺的心脏自由了

太阳倒在葵花发红的眼睛上

停止了微笑

在子宫里深睡的黑鸽子

穿着舞裙流浪

原野吞下茂盛的恋人

逃亡

我也再次扔下

往事

追逐着一道新的血迹

这种温婉与坚硬的极端矛盾意象,在她的诗歌中频频出现。孔宁形容自己"既是眼泪,也是空气,既是痛苦,也是冰糖,也是小花"。这一点恰好暗合了盈满她诗歌和绘画的矛盾冲突。

香港导演徐克说,读孔宁的诗,"不应该从文字表面呈现的意思去理解它的内容,而是从隐藏在后面的那股不安及愤怒的心灵,去体会诗的领域"。

诗歌,是孔宁的另一个表达通道。她诗歌中的主角,始终是期待着爱,受着爱的诱惑,或被爱抛弃,或被爱背叛,或被命运碾压的孤寂而忧伤的女子。这些色彩时而明亮、时而斑驳的诗句,兀立在读者跟前,把读者引入了一个女人隐秘的私人场景,说着她奇绝而令人心悸又心痛的故事,这一点与她画中的场景一脉相承。

2000年,备受病痛折磨的母亲去世后,孔宁放弃了律

第四章 | 她的情人,她的墓地

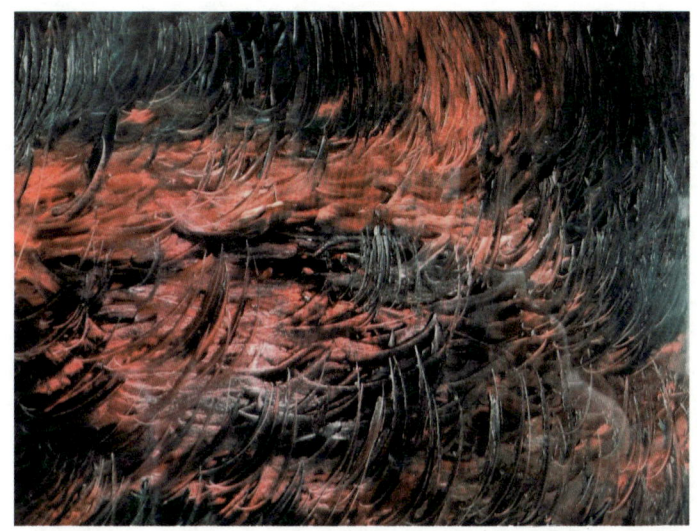

《顽强》

所工作,从一个律师,纵身一跃——一转身,在 2005 年的某天,像是在一个痛苦的梦里沉睡了 47 年,在这个满是伤痛的世上等待了 47 年后,一夜醒来,没有接受过丝毫美术训练的她,忽然就拿起了画笔,好似得到神的指引,画出了第一幅油画《顽强》。

《顽强》描绘了一丛芦苇,这个野外自生自灭的生命,燃烧在熊熊火焰中。这幅画几乎谈不上技巧,尚不能放在严格的绘画层面来评判。然而,画家心里积蓄了几十年的

109

伤痛和愤怒,却表现得淋漓尽致,呼之欲出。那芦苇,燃烧得如蘑菇云,含有很深的隐喻。孔宁说,画完后,她泪流满面。芦苇在大火中依然顽强!这是她骨子里崇尚的"永不迷失!永不放弃!"。当然,这也是她无法带着精神伤痛和恐惧离开人世间的宣言书。

孔宁非常拒绝任何艺术批评家从所谓严苛的学院派视角看待她的作品,因为她从来没有接受过一天正规绘画技巧,诸如透视、素描、写生的训练。她日日站在画架前,也不勾线,也无参照对象,就那样一提画笔,一个个人物,表情惊吓的、失措的,便奔涌而来。即便她想阻止他们的到来,也不行。"这些都是生命啊。他们要通过我的画来倾诉。我的画是一种生命系统。"

历经了千万般的苦难,她却不轻易言说。孔宁从寡言的母亲身上,懂得了一个道理:缄默比聒噪更有价值。2005年,在拿起画笔的同时,她也开始写诗,在京城每一个破晓的时刻。她称这是她"最幸福的时刻,把爱和思念写给我暗恋的人,写给自然,写给人类"。于是,这个没有了父母、没有了爱情的离婚的女人,在平静的绝望中,依靠着绘画和写诗,顽强地挺立着,成了一朵铁艺玫瑰,铿锵而冷艳。

她含着苦涩的泪水,唱着赞美的诗篇,穿着踏春的舞裙,"缓缓穿过黑夜的囚禁,欢快地燃放着孤寂的封锁"。如果不绘画,不写诗,不用艺术创作去抚慰内心的痛楚,孔宁那鲜活的肉身将会终身无言。于是,这个世界就再没人知道她曾经来过。

她形容自己像阿甘。"母亲长眠之后,失去了依靠。我妈妈活着时我和妈妈相依为命。妈妈走了十八年了,我和艺术相依为命了十八年。绘画对我来说,是一个彩色世界,是一个可以淋漓尽致表达哀伤、裸露情感的世界。我在我的绘画,在我的诗歌中重生了。每天把自己肢解了,再拼接起,跟自己说,起来!快起来!太阳照常升起!自然多么美好!"就这样,她在自己的画中一次次死,又一次次活!

"孔宁是个很痛的人。"她的朋友王艺洁说,"她把自己的痛与文字碰撞,在她的诗歌中,我洞见了我意识中的薄弱、脆弱……所有的懦弱、扭捏做作、心术不正的灵魂在她的(诗歌和绘画)面前,都会被洗礼。"

孔宁当然希望听到懂她的人对她作品的解读,但同时,她又并不在乎他们的解读。她说:"一旦进入理论和格式化的框框,我的诗歌和画,就缺少了生命的鲜活和自然。"

在她的身体中某个不为人知的地方,一定住着缪斯女神。缪斯掌管着一个魔法匣子,时常在黎明时分,从盒子里放出一个精灵,飞奔到孔宁跟前。这些文字在遇见孔宁之前,安静地蜷缩在盒子里,没有机会飘扬,没有理由哭泣,没有能力从一个世界走向另一个世界。孔宁让它们神采飞扬起来,让它们的生命再也不会结束,让它们变成了一个

第四章 | 她的情人,她的墓地

孔宁创作的 200 平方米铁皮画《三个女孩》

个修炼成妖精的如花女子,在画布上,在诗歌中,忧伤着,愤懑着,委屈着,抗争着。

中国家喻户晓的作家刘震云认为,看孔宁的诗歌和绘画,其实是在看她出窍的灵魂。

确实,孔宁像是飘浮在自己躯壳上的一个影子,灵魂却在别处歌唱,在她的绘画和诗歌中。这时,你与她讲话,也就有些恍惚,以为是诗歌和油画中的人走了出来。尤其

113

是走进她的画室,"嗖"的一下,人的汗毛就竖起来,脊背发凉。满屋满墙的画啊,画上的人,盯着你看,各有表情,各有眼神,好像在忖度:"你是谁,你能明白我们吗?"观者也忖度:"你们是孔宁的画,还是孔宁的魂呢?"

孔宁的画室坐落在北京西城一条古老的胡同:西交民巷,118号。这是一个不起眼却很特别的院落。为了防盗,临街窗户围上了铁栅栏,门口换上铁艺大门,在冬日显得格外冷峭。

小院中央,赫然一棵粗大的桐花树,挺着身躯,顶着花朵的树冠,如果不是小院主人搭建的顶棚,这树是一定要探出头来的。树,直径足足有三米,根深扎于土。树下,一张木质长餐桌铺了白色抽纱桌布,圆柱形玻璃瓶内,枯萎的鲜花还坚强地昂着头。

卧室和画室的白色门窗也遮着白色的抽纱窗帘,双人床上罩着白色抽纱床单,甚至连卫生间洗手池边,厨房里

第四章 她的情人，她的墓地

的杯碗盘锅下，也铺着小块的白色抽纱或钩针垫子。那都是北京补花抽纱厂出来的产品，市场上已不多见，在像东四这样的个别时尚而又有点历史的街区，偶见北京老补花抽纱厂库存货的幌子，突兀地支在时装小店铺之间。

在晦涩的天光下，小院的白色抽纱窗帘、床罩、垫子，散发出淡淡的俄罗斯和旧时欧美精英家庭阴冷而雅致的气息。由于小院年久失修，主人不常居住，只把它做画室，与朋友小聚之地，这一切就呈现出了一种落寞的华丽和讲究，一种匍匐在主人心底，从未消失过的古典审美情趣。

北京的初冬，下午四点，天已经耐不住倦意，几乎彻底垂下它的眼帘，天光晦暗。小院正房内满是油画，色彩绚丽，但画中阴郁、孤冷、哀痛的气息却扑面而来。

这天，孔宁穿件红底小方格的对襟短袄，黑色工作裤，脚蹬肥大的绒鞋，落在裤子和鞋上的油彩，红白蓝绿，仿佛斑斓的满天星。她站在画架前，对一幅名为《缠纱布的人》

的画做最后的修饰。

看她作画，是一种享受。她把那些貌似凭空而来的人物，从幽暗隐秘的地方，一个一个地牵出来，或给她们穿上衣服，或把衣服脱去，忽在脸上晕染出几分脂粉，忽又抹去，那画中人便像教堂中彩绘玻璃上的圣母马利亚，肃穆端庄。

一些人物，她让他们等待，要到天明时分，这时孔宁醒来，肉体和灵感都睁开了全新的眼睛，她就走到这些人物跟前，重新打扮他们，或许昨天悲怆的殉道者模样，今天就变成了鬼魅的妖精，一切全看画家下笔那一瞬的感觉。一切都是不确定的，都不是预设的。这亦是孔宁作画令人着迷的地方。

孔宁的绘画风格，完全不是阿波罗式的古典艺术，讲究秩序、规则、透视，还有理智。她的绘画从一开始就带有强烈的表现主义意味，一切都是基于内心的感受或感觉，色彩艳丽，构图扭曲，技法上是平面的，是缺乏透视的，是漫不经心的。这一点或许她自己并没有意识到。

而她画中的人物，几乎都是女性，多为裸体，多是两三个，甚至更多的女子身体纠缠在一起，带着直面生命来去之沉痛与纯粹。孔宁的绘画没有政治动机，亦无商业心机，亦无模特儿。她依循内心感受作画。她欣赏纯粹的事物和纯粹的人，因此，只是毫不犹豫地在画架上表现她的爱恨，她的哀愁，她的惊恐和不安。

在每一幅作品中，孔宁的画笔都满蘸悲悯，描摹出女子皮肤的粉嫩，脖子的纤长，乳房的丰盈，身体的柔顺诱人，好似在等待，或迎接抚摸，酷似莫迪里阿尼笔下的女人。而这些女子的眼神，无一不忧伤，无一不惶恐，无一不无辜无告。这时，她画笔又陡然一转，让极具男性的，或强权象征性的坚硬之物，粗暴地穿越女人那孕育生命的身体，从而在画面上构造出了一种令人窒息的、痛楚万分的绚烂，以及无法言喻的抗争的力量。孔宁大约是要把受难的生命变成一双永不瞑目的眼睛，让它在别处注视着现实中的苦难吧。

好像是要给予苦难中的女子以最温情脉脉的关照，画面色彩灿烂，轰轰烈烈。无论背景还是肉体或衣饰，如果她为她们穿上了衣服，孔宁多采用橘红、橘黄、猩红，尤其是红色，常常在一幅画中占据统领地位。而所有这些单纯的颜色，又是那样地令人心绪不宁。偶尔，也出现一抹蓝或一抹绿，给人心灵带来一丝抚慰。收藏家靳宏伟在评述孔宁的绘画作品时说，她在作品中大面积使用红色，不仅仅是因为它的热烈，更是孔宁个人对过往梦魇般生活的截取与陈述。在孔宁的意识中，现实世界仿佛一片没有边际的黑雾，她行走在其中，时常出现"血红的恐惧感"。

她喜欢把极致的美好与血腥的残酷交织在女性胴体上。她画中的女人，总是散发出一种肉体与玫瑰芬芳裹挟

第四章｜她的情人，她的墓地

《裹纱布的人》局部

着的暴力而血腥的味道。是的，"血腥味"，这是香港导演徐克对她的画作的评说。

在她最具代表性的《裹纱布的人》中，三位女子身体成熟，面孔天真，红玫瑰放肆地绽放在头顶，在脖颈，在手腕，在脚踝，带刺的玫瑰枝干刺过她们丰腴的肉体，凶猛地，毫不犹豫。而那几位女子仿佛不觉痛，表情似有几分不屑，而眼神却被惊惧深深笼罩着。

玫瑰在这里已然是一个令人心悸的隐喻，隐喻那些在人生最灿烂的季节被伤害被惊吓的生命，一些已经消失，

119

一些虽然活着，却带着永远的哀痛，一如画家本人内心的永远无法愈合的伤口。而上苍好像把她满是伤口的肉身当作了神秘的通道，要让世间的痛从这里通过，要传递出一个声音——给生命，人的，自然的，以最大的尊重，悲悯。孔宁是想用令人隐隐作痛的画，去唤醒沉默，再让世人看见和警醒，然后不再伤害和被伤害，让眼睛召唤人类的使命，活着的意义，还有爱的永恒。

注意这些女子头上的"蝴蝶结"。其实那是包裹伤口的纱布。因为接触了伤痛，纱布扎成的蝴蝶结就显得有些沉重了。纱布与隐晦表达的玫瑰花形成了对比，直截了当地告诉观者，如花的烂漫转瞬即逝，唯有那从肌肤表层渗透到骨髓到内心深处的伤痛永无愈合。事实上，纱布已经成了孔宁绘画中的一个经典符号，出现在她的作品中，有时具象，有时抽象。

不过，徐克在说"血腥味"时，一定忽视了这些女人头上、手上、脚上盛开的娇艳的花朵，忽视了她们那被惊惧笼罩着的眼神。那是在面对不可预知、不可掌控的未来命运时表现出来的惊恐不安，是对黑暗过往的心有余悸，是对失去亲人、爱情、自由的苦痛。

孔宁已年过花甲，可她的眼睛竟一如小女孩，闪烁着好奇，只是惊恐不安的阴云会没有由头地忽然从眼底划过。经历过的苦难和恐惧，成了她自己的影子，挥之不去。然而，她并不轻易在人前表露这些暗伤，只是静静地把它们升华为艺术。她所有的作品，无论行为艺术还是油画、诗歌，都是她与她所处时代的爱恨交加关系的一种镜像。

她说自己"始终没有安全感觉。生命记忆中，就是恐惧，还有冷"。她似乎一生都将生活在恐惧中。看着她绘画，听她讲着自己的故事，让人不禁记起了纪伯伦在《先知》中说的话：

你在孤独中审视过我们的白昼

在不眠中倾听过我们梦中的欢笑与哭泣

因此，现在请向我们披露我们自己

告诉我们

你所知道的生与死之间的一切

  一些评论家将孔宁定位为当代艺术家。然而，她的绘画，无论是大尺幅的群像，还是小尺幅的肖像，她的画中却完全看不出丝毫莫名的乐观情绪——这是一些当代画家乐于表现的。孔宁的画散发出的尽是对现实浓烈的悲观情绪，不过，那些浸淫着悲观情绪的绘画，却又充盈着几近疯狂的激情。

  2014 年她创作了《拥在一起的梦》，在构图上很像毕加索的《亚美龙少女》。孔宁让八位裸体的女子相互簇拥相互纠缠，将她们各自不同的部位凝聚在一个平面中，没有立体透视的感觉,没有远近的感觉,她们的身体被分解,但又灵活多变,层次分明。女人的头从肚子里伸出,女人的胳膊或腿穿过胸脯,呈现出令人不安的延展的状态,而女人正面的乳房却不知去向,似乎一切都扭曲错位,唯有女人的五官一如既往,带着惯有的愁苦与无辜的表情,使那些纠缠在一起的身体看上去越发地痛苦不堪。或许,她们有过绮丽的梦、灿烂的爱情,但还没来及开花结果,就已经被蹂躏被碾压被粉碎,如今相拥在一起,相互倾述相互依靠,是唯一的梦了。

  孔宁很少画肖像。在她为数不多的肖像中,《弗里达》给人印象深刻。在她创作的 700 多幅绘画中,惊惧、痛苦、孤冷的情绪始终不变,画中的每名女子的眼神都略显惶恐不安,但 2015 年创作的《弗里达》这幅肖像,眼神中出现了惊涛骇浪后的沉静,甚至有几分淡然了,尽管两支坚硬的钢管,粗暴地穿过了弗里达美妙的乳房。但在这个"弗里达"的身上，人们却看到了孔宁本人内在的张力和坚韧。因为这是孔宁的弗里达，面容依然是孔宁似的绝望和忧伤，却少了弗里达本人自画像中所流露出来的暴戾的情绪，那是因爱而不得带来的怒火中烧。这个《弗里达》之于孔宁，具有了特别的象征意义，那是一个以爱情为生命的符号。

　　其实，孔宁绘画中所有的这些女子，都是孔宁自己。她画了自己陈年不愈的内伤。她的绘画，容易让人联想到弗里达、凡高，还有蒙克。这当然不是说她的画风，而是她的绘画传递出来的那种惊恐、黑暗和孤寂的情绪。死亡，惊惧，痛苦，孤独，无处不在，差不多是她绘画的唯一主题。她一直被曾经的劫难经历缠绕，于是，总能飞速地捕捉住那灵光乍现的一瞬，然后，又飞速而质朴地在画布上再现她自己。这是近乎疯狂的爱与悲悯瞬间凝固而成就的画面，从而张扬了孔宁这个独立的个体,独有的力量,独有的魅力，独有的疯狂，唯独那画面中所表现出来的彻骨痛楚是人类共有的。

　　孔宁的绘画是十分关注当下社会的。环境污染、社会平等、资源分配等社会问题，无疑会促使她的创作激情从画布上激荡开去，单纯的架上绘画，完全不能满足孔宁要表达的欲望。于是，她在诗歌和行为艺术，甚至建筑设计中抒发。她说："如果没有东西表达，我就要崩溃。"

　　孔宁的绘画在一定意义上挑衅了某种现实的秩序。她到底是把多数人明白却又选择回避的东西——人性之恶，以绚丽的色彩和迷人的女性胴体给画了出来，这就让恶显得更加的恶，更加令人不安。

　　她的画笔一如锋利的剪子，在画布上一层层涂抹油彩的时候，也在一层一层地撕下她伤口的皮。剪子把她的痛一层层剥开，这样剥了十年。忽然，在 2015 年清明节后，她画架上的女子，身体软了下来，眼神稍许平静下来，尽管那伤痛还在。她为这幅画取名《晴朗》，同时还配了一首诗：

一早夺取了黑暗中的不安
亲手脱光侵袭了数时的噩梦
恢复温度的四肢抚摸日光
这是灿烂的境地
眼看着皮肤上窜出花枝
鸟儿叽叽喳喳地贴近前胸
带着赤诚和勇敢
裸露了
粉色的肠子
蒲公英挽着丁香走了出来
亭亭玉立绝代娇艳

我开始拉住我的双手
别惊动无影的无尽的欢乐
挚爱的搅拌机

向我打开

有些不舍孤寂

有些害怕吞不下幸福的糖浆

有些思念永恒的思念

来不及了

一起全跳入粉碎之中

在旋转中轻盈

在肢解中放大

我悬挂了我数次的生命

在晴朗之中

融化

　　一如她的画,这首诗中也是情绪反差显然。现实中的孔宁,极度渴望爱情,渴望真诚的拥抱。但渴望的爱情,是单纯明媚的,像"蒲公英挽着丁香走了出来,亭亭玉立

孔宁:地球新娘

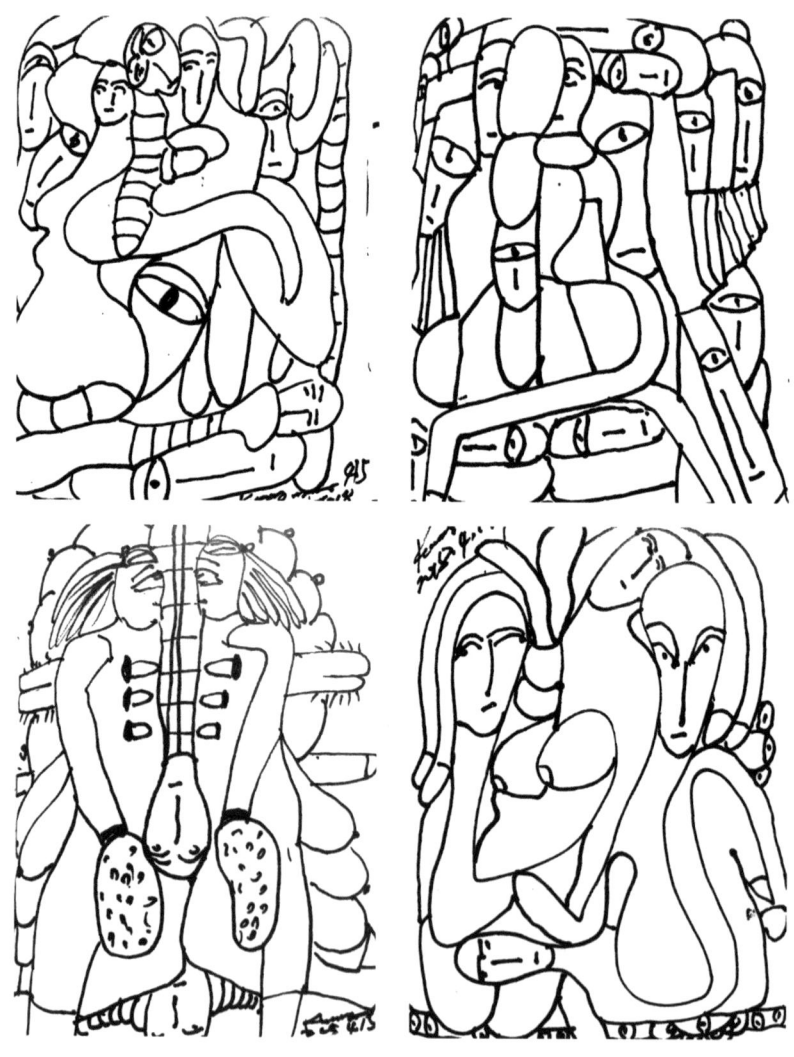

孔宁的钢笔画

第四章 | 她的情人,她的墓地

绝代娇艳"。然而,这期待却伴随着恐惧——"搅拌机"。这是一个十分尖锐的比喻,可能是暗指永远无法过去的曾经的黑暗与伤痛。她要的爱,也并非简单的男欢女爱,而是瞬间的绽放,耀眼的灿烂。爱情对她,"跟阳光一样,跟血液一样,让我的生命永远活着"。她很挑剔爱情,那种像风一样一刮而过的,不是她要的。到目前为止,还没有像太阳似的爱情在她生命中出现。但是,一想到爱情,就很温暖,像冬日的日光照亮了荫蔽的心房,也不饿,也不累,也不孤独了。然后,对明天充满了说不出来的期待。她说:"我总是想,即便我要等待的东西不出现,太阳也会出现!太阳能给我带来一多半的希望!"

仿佛是与上天的秘密约定,孔宁着迷般地绘画、写诗不止,日复一日,年复一年,画过、写过了整整十个春夏秋冬,几乎无一天停下来,一天不画,感觉一天是白过了。她说,老天在上面看见,她这个女人一直没长大,一直惊恐不安，却依然像孩子般地在地球上奔跑着，就给了她这个天赋，要她不停地画。"好像是要从我心头没愈合的伤口，挤出这个时代的一些伤痛，再让我吸收多种能量去表达。"

其实，很难把孔宁的画归到某种类型，从而当成美术来评论。她绘画出现的状态，是很多画家或艺术家不能及的，那是生命中最原始的一种感动或冲动，而越是这种原始的创作状态，越是有学院派框框禁锢的专业画家难以体现的。绘画既是她表达的通道，也将是她的归宿。正如她自己所说："画板就是我的墓地。我会将我的身体和所有的痛苦遗留在上面。"

然而，在过去的十年，"艺术家孔宁"是静寂无声的，除了身边朋友，学院派的美术圈鲜有人知道她的存在。但2015年3月21日，她的《血性与狂想》油画展在北京希帕画廊（Cipa Galley）亮相，好似横空出世，惊住了国内外藏家。他们弄不明白，她的灵感来自何方，她画中那些承载苦难和希望的女人来自何方,她又来自何方。美国一位藏家,将展出的 30 幅画悉数买下。

从画廊得知这消息后,孔宁却像个小姑娘咯咯咯地笑,说:"我不是什么艺术家,我就是天空的孩子。一个孩子,搅动了美术圈,太好玩了!"但开心的同时,她又很心痛。"绘画是我的生活,这些画作都是我的孩子啊。这下都去了别人家了。"2015 年,她创作了 82 幅油画,其中 49 幅被藏家和美术馆收藏。

事实上,孔宁是一个极端矛盾的存在。单纯如赤子,欢喜就笑,悲伤就哭,不遮不掩;也是谜一样的女人,孤寂,神秘如风。

有谁见过风呢?只有花枝乱颤时,人们才会陡然意识到,啊,风来了。这风从何而来,要往哪个方向吹呢?亦是不知的。在艺术创作上,孔宁的灵感来去之诡秘,如风;在行事风格上,知行合一,亦如风。一旦有了好的想法,即刻行动。一旦动了真情,即刻表达,在绘画中,在诗歌中,好像可以不吃不喝。 为某个让她动情的人,她会永远在心中保留一个亲昵隐秘的空间。

孔宁一天只吃一顿饭。她说自己是"二十五年的单身女人,已不再想温暖是啥东西了。画饿了,吃一口,画渴了,喝一口,画困了,倒头就睡"。2005 年开始作画以来,她大部分时间是这样度过的。

她吃,是简单的。

孔宁基本不吃肉,不是因为信奉素食,而是心痛环境。她说:"人类消费越多,产出的垃圾越多。环境是要报复的。"也是心痛时间,心痛时间被烹饪掉了。朋友临时到访,她都以锅贴或麻辣香锅款待,用最短的时间,做出这两道她最拿手的食物。

那麻辣香锅,永远是土豆、木耳、鸡蛋、粉皮、午餐肉。

那锅贴,永远是韭菜、粉条、鸡蛋馅,吃过的人无不

第四章｜她的情人，她的墓地

《天空的孩子》

133

称道。一些人回家如法炮制,却并不成功。一些人久未见她,问候语竟然是:"想吃你的锅贴了。"而她想念谁了,也是同样的话:"想你了。来吧,给你做锅贴。"

但她也是懂得精美菜肴的。她在北京西山建造的"玫瑰城堡"中,六个餐厅的长餐桌上,摆放的餐具极其考究。然而,它们唯一的担当,却是为四方来客呈上令人身心愉快的美食。

孔宁每年都会在自己认为特别的日子,在这里搞聚会。北京文化圈不少人去过她美轮美奂的"玫瑰城堡",享用过那里的美酒菜肴。但这些人孔宁却基本不认识。他们是孔宁的朋友带来的朋友,朋友的朋友又带着一串朋友。她谦卑而周到地招待着这些陌生人。

她待人接物,豪爽大气,内心却很羞涩。她并不主动,也不刻意上前去表明城堡主人的身份,以至于不少狂欢的男女到最后也不知道谁是孔宁。客人尽欢,她却心事满腹,哀伤地想着一些跟眼前的觥筹交错毫无关系的不具体的场景和故事。

北京文化圈不少人知道孔宁这个名字。然而，能认真听她说，能洞见她汹涌的内心活动，能了无心机地欣赏她的诗歌和绘画，能把一片真诚给她的人却非常少。她常说："我在北京很孤独。"她在热闹的红男绿女中，俨然成了一缕烟火，耀眼地寂寞着。

她睡，是简单的。

孔宁几乎每天站在画架前，从早画到晚，时常累到衣服才脱一半，人已睡去。第二天凌晨醒来，一看，竟还保持着脱衣的姿势，自己也是惊讶，仿佛一尊活着的雕塑。偶尔偷得半日闲，就生出负疚感，以为辜负了创作时光。

可是她的住所，尤其是"玫瑰城堡"，却布置得格外温暖雅致，带着18世纪欧洲的某种审美情趣，高贵的单纯、古典、得体，好像那原本就不是要用来住人，只是她的作品而已。

在审美的层面,她钟爱18世纪,是因为"里面有一种高贵的气息"。

一日,天呈铅灰色。孔宁站在西交民巷画室外那棵高高的桐花树下,朗朗地说:"我要高贵地活着,高贵地死去。我要我的画和诗歌,高贵地出生,高贵地活着。"这个高贵,是她面对人类苦难的态度,悲悯的、勇敢的、豁达的,与地位、金钱无关。这也是她赋予诗歌和绘画中人的态度。

她穿,亦是简单的。

孔宁不施粉黛,没有首饰,短短的马尾,高高梳在脑后,系一根红头绳,刘海儿长长的,盖在眼帘上方,几乎四季皆着一身黑衣。

她在世俗社会的边缘行走,不混圈子,不勾搭画廊,不谄媚藏家和出版商。她最好的作品都是她最为自我的时候,从心底喷薄而出。反倒是她的周围,有个莫名的圈子,

第四章 | 她的情人、她的墓地

孔宁建筑作品"玫瑰城堡"

一些人在利用她的才华，消费她奇绝的故事，支离破碎，渲染夸张。这一点，她是清楚的，只偶尔抱怨一下。

孔宁说，她喜欢人生像泰戈尔说的那样"生如夏花之绚烂，死如秋叶之静美"。有意思的是，在她诗歌新书的发布会上，来自印度通用图书公司的 CEO 考沙尔·高崖先生偕儿子，就为孔宁朗诵了泰戈尔的这个诗句。

137

孔宁的工作室"大红空间"

此刻,这诗句仿佛泰戈尔本人在天上与孔宁对话,眼泪湿了她的眼眶。她说:"一切关乎生命的美好灵魂,都是诗歌,可以飘到任何地方。"

孔宁的画中有尖锐的诗意,诗中有血腥的画意。在这个意义上,无论读她的诗,看的画,都是从她身上取诗,在她身上取画。孔宁认为自己并不是什么艺术家,而是瞬间开放的小野花,瞬间飞过的蝴蝶。这些画,就像蝴蝶飞过后,留下的风景。她这样说,是因为内心有些排斥人类社会,更亲近大自然。因为大自然给她的感觉是清楚的,是纯粹的。而人，她说："太复杂。有时候在人群中，一些人一直滔滔不绝，说啊，说啊，我都听不懂他们在说什么，感觉是在利益里面挣扎。"

而她的绘画，她的诗歌，她说"是我永恒的情人，也将是我的墓地"。最终，她以绘画、诗歌、行为艺术为载体，逃离了虚伪、浮华、矫饰的当下社会，或者说与这个她肉身寄托着的残酷现实达成了某种和解，从而心安理得地进入了她心中的理想王国。

后　记
"绿色地球梦"的故事还在继续

2017年12月12日,在应对气候变化的《巴黎协定》诞生两周年之际,由法国与联合国、世界银行共同主办的"一个星球"气候行动融资峰会在巴黎举行。会场外,孔宁身穿230个"小蓝人"亮相,像一只蓝色的大鸟飞翔在天空上。这是这位中国女艺术家热爱环保的又一次绿色行为艺术。法新社记者和多家媒体对孔宁的"小蓝人"行为艺术进行了拍照和采访。"小蓝人"行走于世界,宣传着绿色的环保价值观。当天晚上,法国向全世界公布的此次峰会26张照片中的第15张照片,就刊登了中国艺术家孔宁手举"小蓝人"的照片,她也成为这组照片中唯一的当代艺术家。

我们先来读一读她去往每一个国家前写给最高领导人的信。

总统先生:

您好!我是艺术家孔宁,我一直在做着关于环保的行为艺术,此刻我写信给您,就是希望把环保的理念通过行为艺术的方式传递给全世界。我呼吁的就是把生命看成一滴水,轻轻地来,轻轻地走,不给地球增加负担,呼吁所有未来的生活消耗品都能够归还于地球,让地球快乐起来!人类也快乐起来!希望每个人都能体会到创造绿色生命的意义,发明可降解的绿色产品;呼吁每个人都参与其中,成为绿色的发明者、绿色的生产者、绿色的购买者!成为保护地球、热爱地球的一分子!我希望建立起未来世界最长的、最经济的、最艺术的绿色链条。让人类积极行动起来,让我们和地球同时体会到幸福!

我的"小蓝人"行为艺术项目是将它们穿在我身上,跟我一起穿越加入《巴黎协定》的所有国家,宣传环保,传递绿色价值观。作品是用可降解材料制成的230个"小蓝人",表达"生命像一滴水,轻轻地来,轻轻地走"的理念。"小蓝人"项目将于2017年年底从巴黎开始，将用3年时间完成。我用自己的积蓄，不代表任何机构，完成我这项环保行为艺术。我想我的绿色地球梦是可以实施和实现的！这也是全世界所有热爱地球的人们的愿望！我希望通过这次穿越《巴黎协定》签署国的绿色事件，呼吁更多的人关注环保，热爱地球，呼吁每个人都能够以力所能及的实际行动来支持环境保护、保护地球！

在走完签署《巴黎协定》的所有国家后，我将继续穿越没有签署协定的国家，呼吁所有国家都能够加入进来，让全世界的人们积极参与到保护地球的行列，并能行动起来。

人类生活在一个地球之中，就应像一家人那样去爱地球！共同建造绿色的未来！这是我做环保行为艺术所追求的目标！

我期待着我的绿色地球计划能得到贵国的支持和传播。

孔宁

孔宁写给法国总统的信,一个月后收到了马克龙办公室的回信,转达了马克龙总统和夫人布吉丽特对她的环保行为艺术的支持和祝愿。

回信如下:

尊敬的女士:

您已经向国家元首阁下提出了申请,要求将您的艺术作品在《巴黎协定》各签约国境内进行巡展。您的作品是一件长袍,它的名称为《蓝色的小人》,采用生物降解材料制作。且除此之外,您还期望国家元首、其妻子或者其顾问能够向您给出相关建议。

根据您提出的要求,共和国总统以及布丽吉特 –

马克龙（Brigitte MACRON）女士委托我向您表示真诚的感谢。在此之后，将由我向您告知您的申请是否能够实现审批通过。

再者，国家元首及其妻子还要求我向您表示祝贺，祝贺您成功地完成了这一艺术项目，并鼓励您在未来再接再厉，继续履行您在环境保护方面所做出的各项承诺，并向居民大力宣传与环境保护相关的重要性。

尊敬的女士，我在此向您致以最崇高的敬意。

如今，孔宁依然在行走着。她用可降解的材料制作成长裙，行走在巴黎街头。然后，她要重新制作可降解材料的"小蓝人"，从 2018 年 5 月 17 日开始穿着"小蓝人"在欧洲行走，去往摩洛哥的卡萨布兰卡，开始行走 30 个国家的计划。她还要制作新作品《会跳芭蕾的口罩》……

孔宁一定是个传奇，一株罕见的植物！她带给我们的惊喜总是超出我们的想象。我设想着在雨天、在雪天，在世界各个角落，孔宁穿着她的"小蓝人"的样子，禁不住希望：孔宁必须永远这样年轻，她一定有足够的力量去推动全世界绿色环保的进程……

行走全世界的"小蓝人"

作品《偶遇》，2018年4月10日在巴黎凯旋门

作品《大眼睛》2017年3月6日在巴黎蓬皮杜中心展出

2018年4月17日,行为艺术"会跳芭蕾的口罩"亮相巴黎塞纳河畔

孔宁制作的《四季叶子》装置